Hugo Andresen

Über den Einfluss von Metrum, Assonanz und Reim auf die Sprache der altfranzösischen Dichter

Hugo Andresen

Über den Einfluss von Metrum, Assonanz und Reim auf die Sprache der altfranzösischen Dichter

ISBN/EAN: 9783743485785

Hergestellt in Europa, USA, Kanada, Australien, Japan

Cover: Foto ©Thomas Meinert / pixelio.de

Manufactured and distributed by brebook publishing software (www.brebook.com)

Hugo Andresen

Über den Einfluss von Metrum, Assonanz und Reim auf die Sprache der altfranzösischen Dichter

Über den Einfluss
von
Metrum Assonanz und Reim
auf die Sprache der altfranzösischen Dichter.

Inaugural-Dissertation

zur

Erlangung der Doctorwürde

bei

der philosophischen Facultät

der Rheinischen Friedrich-Wilhelms-Universität zu Bonn

eingereicht und mit Thesen vertheidigt

am 16. Mai 1874

von

Hugo Andresen.

Opponenten:

Moriz Muther stud. phil.
Julius Härttung stud. phil.
Auguste Kerckhoffs professeur au lycée de Melun.

Bonn,
Druck von Carl Georgi.

Friedrich Diez

und

Nicolaus Delius

gewidmet.

ABKÜRZUNGEN.

A. et A. — *Amis et Amiles und Jourdains de Blaivies*, herausgeg. von Dr. Conrad Hofmann. Erlangen 1852.

Atre per. — *C'est de l'Atre Perillous* (in Herrigs Archiv XLII. Band. 2. Heft).

Auberi. — *Mittheilungen aus altfranzösischen Handschriften* von Adolf Tobler. I. Aus der chanson de geste Auberi. Leipzig 1870.

Aye d.'A. — *Aye d.'Avignon*, chanson de geste (in Band 6 der anciens poètes de la France p. sous la direction de Guessard).

Bartsch. — *Chrestomathie de l'ancien français* par Karl Bartsch. Leipzig 1872.

BenChr. — *Chronique des ducs de Normandie* par Benoit p. p. Michel.

BenTroie. — *Benoit de Sainte-More et le Roman de Troie* par A. Joly. Paris 1870.

Chev. au lyon. — *Li Roumans dou Chevalier au lyon* von Chrestien von Troies, herausgeg. von W. L. Holland. Hannover 1862.

Ch. d. R. — *La chanson de Roland.* Nach der Oxforder Handschrift von Neuem herausgeg. von Theod. Müller. Göttingen 1863.

Ch. d. S. — *La chanson des Saxons* par Jean Bodel p. p. Fr. Michel. Paris 1839. 2 vol.

Cleom. — *Li Roumans de Cleomadés* par Adenes li Rois p. p. la première fois p. André van Hasselt. Bruxelles 1865—66.

Doon d. M. — *Doon de Mayence*, chanson de geste (Band 2 der anciens poètes).

Erec. — *Des Chrestien von Troyes Erec und Enide*, herausgeg. von Immanuel Bekker (in Haupts Zeitschrift Band 10).

Fl. et Bl. — *Flore et Blanceflor*, altfr. Roman, herausgeg. v. J Bekker. Berlin 1844.

Floov. — *Floovant*, chanson de geste (in Band 3 der a. p.).

G. l. L. — *Li Romans de Garin le Loherain* p. p. Paulin Paris, Paris 1835.

Gaufr. — *Gaufrey*, chanson de geste (Band 1 der a. p.).

Gayd. — *Gaydon, chanson de geste (Band 7 der a. p.).*
Gui d. B. — *Gui de Bourgogne, ch. d. g. (in Band 3 der a. p.).*
Gui d. Nant. — *Gui de Nanteuil, ch. d. g. (in Band 6 der a. p.).*
Huon d. B. — *Huon de Bordeaux, ch. d. g. (Band 5 der a. p.).*
Jourd. d. B. — *Jourdains de Blaivies, s. A. et A.*
Libr. psalm. — *Libri psalmorum ed. Francisous Michel.*
LRois. — *Livres de Rois p. p. Leroux de Lincy.*
N. F. et C. — *Nouveau recueil de Fabliaux et contes inedits p. p. Méon. Paris 1823. 2 vol.*
Otin. — *Otinel, ch. d. g. (in Band 3 der a. p.).*
R. d. Berte. — *Li Romans de Berte aus grans pies p. p. Paulin Paris.*
R. d. l. Ch. — *Li Romans de la Charrete par Chrestien de Troye et Godefroi de Leigni (in „Roman van Lancelot, uitgegeven door Dr. W. J. A. Jonckbloet. Tweede Deel. s'Gravenhage 1850").*
R. d. S. G. — *Roman du Saint Graal p. p. Fr. Michel. Paris 1839.*
R. d. l. V. — *Roman de la Violette ou de Gérard de Nevers p. p. Fr. Michel. Paris 1834.*
RMont. — *Renaus de Montauban oder die Haimonskinder, altfr. Gedicht, herausgeg. von Dr. Heinrich Michelant (Bibliothek des literarischen Vereins in Stuttgart. LXVII. 1862).*
V. d. S. A. — *La Vie de Saint Alexis, poème du XI° siècle et renouvellements des XII° XIII° et XIV° siècles p. p. Gaston Paris et Léopold Pannier. Paris 1872.*
V. S. Th — *La vie S. Thomas le martir, herausgeg. von Bekker (in den Abhandlungen der Berliner Akademie der Wissenschaften vom Jahre 1838).*
Vrai Aniel. — *Li Dis dou vrai aniel. Die Parabel von dem ächten Ringe, zum ersten Male herausgeg. von Adolf Tobler. Leipzig 1871.*
W. A. L. — *Altfranzösische Lieder und Leiche herausgeg. von W. Wackernagel.*

Die reiche Mannigfaltigkeit von Formen für denselben Begriff, die mir beim Lesen altfranzösischer Dichter immer mehr und mehr in die Augen fiel, erweckte zuerst das Verlangen in mir zu untersuchen, in welchem Umfange bei der Entstehung und Verbreitung dieser Formen neben ihrer Modification durch die einzelnen Mundarten Metrum, Assonanz und Reim mitgewirkt haben. Ich gewann die Überzeugung, dass wenn auch in den ersten poetischen Denkmälern bis zur Ausbildung der chanson de geste von einem besonderen Einflusse des Metrums oder der Assonanz auf die Sprache der Dichtungen kaum die Rede sein kann, sich doch im Laufe der Zeit bis zum Gipfelpunkte der altfranzösischen Poesie auffallend viele nur aus metrischen Gründen hervorgegangene sprachliche Eigenthümlichkeiten gebildet haben, die in fast jedem grösseren Gedichte sich mehr oder minder häufig vorfinden.

Aber auch schon im Rolandsliede bemerkt man deutlich, wie die Assonanz in ganz bestimmter Weise auf die Sprache einwirkt, wie schon manche jener poetischen Licenzen erscheinen, die die ganze Blüthezeit der chanson de geste hindurch verfolgt werden können.

Man würde sich nun sehr irren, wenn man annähme, dass die Dichter, in dem Masse als sie sich bemühten die Assonanz zum Reime auszubilden [1]*, zugleich bestrebt gewesen*

---

1) *Es ist zuweilen nicht ganz leicht zu entscheiden, was wohl der ursprüngliche Versausgang gewesen und was vom Schreiber, lediglich um die Reime gleich zu machen, hinzugefügt oder weggestrichen worden ist. Andrerseits kann man annehmen, dass wenn wir z. B. Gaufr. lesen p. 26 ff.:* ont repondus, l'a ferus, par le frain d'or batus, parmi le bois feuillus, pere Olivier fus, a tel paour eus, *überall das s vom Schreiber hinzugefügt worden ist.*

wären, den oft so dürftigen Inhalt ihrer Gesänge durch strengere Beobachtung grammatischer Regeln wenigstens in etwa zu ersetzen. Man darf eher das Gegentheil behaupten: Das Rolandslied steht, wenn wir die ganze Periode des Altfranzösischen in's Auge fassen, einem Gedichte Chrestien's näher als eine chanson de geste aus der letzten Zeit dieses Dichters.

Wenn sich nun so die höfische Dichtung des 12. Jahrh. in diesem Punkte von der Volksdichtung trennte, so haben doch beide den gemeinsamen Zug, dass sie dem Reime zu Liebe die Form eines Wortes je nach Bedürfnis nicht selten modificiren. Dies begegnet bei den höfischen Dichtern häufiger als bei den Volksdichtern, weil es den ersteren in viel höherem Grade als den letzteren auf Genauigkeit des Reimes ankommen musste. Ferner scheute sich der Kunstdichter eben so wenig als der Jongleur, gelegentlich im Reime Formen zu gebrauchen, die der Mundart, in der er dichtete, nicht zukommen. Endlich muss noch bemerkt werden, dass auch etliche Kunstdichter der besten Zeit sich oft rücksichtslos über die im Sprachgebrauch wurzelnden Regeln hinwegsetzen. Welcher Abstand herrscht z. B. zwischen dem aufmerksamen Chrestien und dem nachlässigen Benoit!

In der nachfolgenden Untersuchung kam es mir besonders darauf an, durch die nähere Betrachtung einer grösseren Anzahl von Werken die hauptsächlichen, für die gesammte altfranzösische Dichtung geltenden, durch Metrum, Assonanz und Reim hervorgerufenen Eigenthümlichkeiten und Abweichungen von der gewöhnlichen Rede darzulegen. Mit Ausnahme der ersten Betrachtung bin ich den Grammatiken von Diez und Burguy Schritt für Schritt gefolgt. Meine Untersuchung zerfällt in drei Theile. In dem ersten soll von den Veränderungen die Rede sein, welche Wörter durch Übergang eines Vocals oder Consonanten in einen andern, sowie durch Ausfall und Abfall eines Buchstabens dem Reime zu Liebe erfahren; im zweiten werde ich von dem Einflusse handeln, den der Reim auf die Declination und Conjugation *ausübt. Hier wird zugleich des Gebrauches gewisser nur einer Mundart eigenthümlicher Formen in der altfranzösischen Dichtung überhaupt gedacht werden. Im dritten Theile will ich den Versuch machen darzulegen, wie die Dichter durch metrische Gründe bestimmt werden, von den allergewöhnlichsten syntaktischen Regeln gelegentlich abzuweichen.*

ERSTER THEIL.

I. Vertauschung eines Vocals mit einem andern.
1. **A statt für e.** *1)* Al, el (aliud). *Burguy's Behauptung (I 167), dass* al *normannisch sei, dürfte nicht zutreffen: bringt er doch selbst für sie nur 3 Belege aus der Chronique des Benoit! Nähere Untersuchungen ergeben vielmehr Folgendes:* Al *ist nicht normannisch, denn auch V. S. Th., Ben Troie und Ben Chr. ist die gewöhnliche Form* el. *Letzteres steht V. S. Th.* 26, 32, 33, 44, 47, 62, 71, 96, 109, 114, 135, 136, 143, 152, 154, 168; *Ben Troie* 1355, 6556, 8040, 11459, 28713; *Ben Chr.* I 182, 510, II 2011, 2811, 5107, 7220, 8695, 8940, 8957, 11727, 12691, 13048, 13091, 15504, 15801, 16851, 18457, 18730, 19346, 19613, 20491, 20589, 23020, 27719, 28331, 29159, 31527. Al *findet sich beinahe nur im Reime, nämlich V. S. Th.* 71, 114; *Ben Troie* 3801, 17709, 22811, 23903, 25626, 27691; *Ben Chr.* II 911, 6775, 11954, 13283, 30104. *Das Rolandslied hat nur* el 1185, 2961, 3397. *Auch sonst erscheint* al *nur in der Assonanz oder im Reime, z. B. RMont.* 372, 32 (*aber die Hauptform in der Assonanz und im Innern des Verses ist* el 235, 34, 264, 5, 265, 16, 288, 11, 21, 295, 1, 317, 15, 326, 25, 390, 1, 404, 29); *Floov.* (aul) 21; *Ch. d. S.* II 35, 151; *Auberi* 218, 31 (*aber im Innern des Verses* el 241, 5). *Fallot, der, man weiss nicht recht weshalb, den Ursprung*

des Wortes in der Normandie suchte, glaubte, dass es in guten Texten vor der Mitte des 13. Jahrh. überhaupt nicht vorkäme: er kannte eben die ältesten Denkmäler noch nicht, sonst würde er ohne Zweifel andrer Ansicht gewesen sein. Bereits im Leodegar nämlich kommt es ein Mal vor und zwar in der Form el 17, 6 (Assonanz), die auch das Alexiuslied zeigt (s. V. d. S. A. p. 151); in den LRois dagegen ist es schon gewöhnlich: 4, 9, 29, 55, 72, 111, 133, 189, 259, 302, 330, 373. Auch das letztgenannte Werk kennt nur die Form el.

2) Tal, tel (talis). Was Burguy (I 192) über tal sagt, ist eben so wenig richtig. Ganz wie al findet sich tal wie in Denkmälern andrer Mundarten, so auch in den dort erwähnten normannischen Gedichten in der Regel nur im Reime, im Innern des Verses steht tel [1]). Ich beschränke mich darauf die Stellen anzuführen, die tal bieten: V. S. Th. 85, Ben Troie 5215, 6685, 7161, 9377, 16502, 20568, 23999, 25979, 26504, 27090, 28115, 28737; Ben Chr. I 250, 42081; Gayd. 306 (Je ai tel joie, onques mais n'en oi tal); Ch. d. S. II 113 (de tex gens ne fu tax, nämlich maisiax); Auberi 219, 13.

3) Die lateinische Adjectivendung alis ist bekanntlich schon im Altfr. in den meisten Fällen zu el geworden; diejenigen Adjectiva, die im Neufr. al aufweisen, sind mit Ausnahme einiger weniger wie royal (alt roial, real), loyal (alt loial, leal), egal (alt igal), communal neuerer Bildung. Man findet aber dem Reime zu Liebe anstatt el oft al, ja dies kommt bei manchen Adjectiven so häufig vor, dass man fast umgekehrt die auf al als die gebräuchlichere Form hinstellen könnte. In andern Fällen ist el durchaus vorherrschend und al selten.

So steht principel RMont. 1, 21, 52, 16, 166, 5, 173, 8, 291, 30; Gui d. B. 128; A. et A. 1600; G. l. L. I 37; Gaufr. 171; Huon d. B. 243; Floov. 69; — naturel RMont.

---

1) Dass die Passion und Leodegar meist tal haben, ist provenzalischem Einflusse zuzuschreiben.

*169, 36, 199, 27, 276, 5, 288, 38, 291, 4, 298, 37, 300, 28,
309, 35, 322, 15, 345, 11; Gaufr. 78; Huon d. B. 96, 108,
113, 258, 309; N. F. et C. I 80;* — esperitel *Gui d. B.
124; N. F. et C. II 95, 216, 235; R. d. l. V. 242; R. d.
S. G. 3599, und daneben* principal *RMont. 376, 16, 22,
445, 19, 449, 36; Gui d. B. 67; Floov. 20; Ch. d. S. II 177;
Ch. d. R. 3432; V. S. Th. 159; Auberi 206, 4, 219, 9;
Ben Troie 3142;* — natural *RMont. 164, 27, 372, 26, 400, 17,
418, 32; Huon d. B. 129; N. F. et C. I 70, 425; Ch. d.
S. I 194, II 35, 55, 75, 102, 151; R. d. l. V. 204; Gayd.
306; Floov. 47; Jourd. d. B. 2856; Gui d. Nant. 8, 33;
Ben Troie 9735, 14261, 19409, 21443, 27969;* — esperital
*RMont. 372, 17, 33, 400, 18, 445, 20, 28; N. F. et C. I 222;
R. d. S. G. 840; Ch. d. S. II 75, 152; Gaufr. 93; V. S.
Th. 45, 71, 85, 90, 159; Auberi 206, 2; Gayd. 285; R. d.
Berte 42; Ben Troie 13462, 14731, 14821, 14833; Jourd.
d. B. 2865.*

Dagegen nur des Reimes wegen steht champal *Ch. d.
S. II 35; Floov. 57;* charnal *Gui d. Nant. 8; RMont. 400, 24,
445, 27; Gayd. 306;* crual *R. de Berte 42; Gayd. 285.*
Von mortal lässt sich das nicht ohne Einschränkung sagen:
*Ch. d. S. I 196, II 113; Gaufr. 93; Gui d. Nant. 8, 33,
45, 66, 79; R. d. Berte 42; Gayd. 49, 285, 306* steht es
allerdings nur dem Reime zu Liebe, denn diese Gedichte
haben alle im Innern des Verses mortel, aber Benoit in
seinen beiden Werken und *V. S. Th.* zeigen den Vocal a *in
diesem Worte auch unabhängig vom Reime*[1]). Das Schwanken
zwischen al *und* el *zeigt sich auch in weniger häufigen Adjectiven. So steht zwar* venal *RMont 225, 6, Floov. 21, aber*
venel *Huon d. B. 122;* celestial *Gaufr. 95, Gayd. 306, Ch.
d. S. II 35, Bartsch 81, 11, aber* celestiel *V. S. Th. 79, 158;*
annal *Ch. d. S. II 35, aber* annel, anel *R. d. l. Ch. 3519,*

---

[1]) *Die Passion, weniger Leodegar begünstigen auch hier den
Vocal a, so* mortalz *Pass. 85, 3,* carnals *ib. 96, 1, aber doch auch*
charnels *in der Assonanz Pass. 2, 4, Lcod. 29, 3 (*charniels*);* spiritiels
Leod. 29, 4, 36, 5 (Assonanz).

N. F. et C. I 295, Floov. 23; ferner annual *V. S. Th. 85*, aber annuel, anuel *N. F. et C. II 204, Ch. d. R. 2806;* ebenso criminal *Ch. d. S. II 151, N. F. et C. I 66, RMont. 445, 30,* aber criminel *Huon d. B. 105, 260, 304, Ch. d. R. 2456;* traital *Auberi 205, 31,* aber traitel *Huon d. B. 73, 74, 122, 123, 135, 270, 279, 289, 293, 305;* festival *LRois 78, 80, 97, 400,* aber festivel *Lib. psalm. 102.* Diesen Adjectiven schliessen sich einige wenige Substantiva derselben Endung an, bei denen theilweise eine gleiche Unbestimmtheit hinsichtlich des Vocals obwaltet. Ausschliesslich in der Assonanz oder im Reime steht ostal *RMont. 418, 31, 449, 37; Auberi 205, 27, 218, 27, 219, 19, 21; Jourd. d. B. 2859; R. d. Berte 42; N. F. et C. I 72; Ben Troie 10245, 11552, 24567, 26977; W. A. L. pag. 61* (ostaul); *Gayd. 285;* ferner fenestral *Ben Troie 3062,* chatal *ib. 19736.* Aber auch unabhängig davon besteht nasel *Aye d. A. 12, Floov. 64, Ch. d. R. 1602, 3927, Ben Troie 12096,* neben nasal *Doon d. M. 208, 216, Aye d. A. 84, Otin 16, 42, Ch. d. S. II 177, RMont. 434, 25, R. d. l. Ch. 7079, Ben Troie 22625, Ben Chr. II 1252, 5317;* — chanel, canel *Huon d. B. 113, 165, 252; Gui d. B. 46, 53; G. l. L. I 19; RMont. 6, 2, 53, 7; LRois 353,* neben chenal, canal *Ch. d. S. II 35; Fl. et Bl. 1848; RMont. 451, 9.* Das letztgenannte Werk bietet, beide Male im Reime, Noal (natalis) *418, 37* neben Noel *431, 34.* — Sonstige Beispiele, wo a für e steht: ordane: Diane *für* ordene *Ben Troie 7637;* mar *für* mer (mare) *RMont. 450, 38, Ben Chr. 14385 (wenn hier* mar : esgar *für* mer : esgart *in den Text gesetzt werden darf).*

2. A steht für o: cante, quante *für* conte (comitem) *Ben Troie 172:* ante, *13496 :* cinquante; *Ben Chr. 9021:* merveillante; ferner cante, quante *für* conte (computus) *Ben Troie 18702:* pesante; *Ben Chr. 3002:* seixante; *4818:* combatante; *12313:* sopleiante.

3. E für a: Mel *für* mal (malum, male), *das sich im Fragment von Valenciennes, in der Passion und im Leodegar* (miel) *vorfindet, kommt auch später gelegentlich in*

der Assonanz vor, z. B. *Ch. d. R. 2006; Huon d. B. 87,
94, 118, 128, 129, 135, 152, 169, 187, 190, 196, 199, 205,
213, 234, 235, 268, 276; Gui d. B. 7, 62; RMont. 304, 2,
323, 20, 324, 21;* ferner cumunel *für* cumunal *Ch. d. R.
2446;* heste *f.* haste *Bartsch 322, 16.*

  4. E *für* i: segnore *f.* segnori, segnoril *RMont. 109,
29, 138, 26, 150, 19, 228, 7, 229, 18, 301, 20.*

  5. I *für* e: Grice *f.* Grece *Floov. 39; N. F. et C. I
362:* requelice; revire *f.* revere *Ben Troie 15734; Ben Chr.
II 1117, 15940;* fontenil *für* fontenel *Ben Chr. 31224.*

  6. I *für* ie: pire *f.* pierre: dire *N. F. et C. I 307;*
Baivire *f.* Baiviere *Aye d.' A. 92;* derrire *f.* derriere *ib. 93;*
fire *f.* fiere (feriat) *Ch. d. S. I 20.*

  7. Ie *für* i: ampiere *f.* ampire *Ch. d. S. II 87, sogar*
empier *Doon d. M. 190.*

  8. I *für* u: vali *f.* valu *(Perfect) Gaufr. 192;* mori
f. moru *(Perf.) Ben Troie 17677, Bartsch 392, 37;* appari *f.*
apparu *(Perf.) ib. 422, 32;* respondi *f.* respondu *Aye d.' A.
88;* arrestis *f.* arrestus *Doon d. M. 216.*

  9. U *für* i: saillu, resaillu *f.* sailli, resailli *Gaufr.
230; V. S. Th. 47; A. et A. 2564;* faillu *f.* failli *RMont.
340, 25. 362, 34, 396, 3;* ouz *f.* oiz *V. S. Th. 76;* oue *f.*
oie *R. d. l. V. 26;* croissue *f.* croissie *Gui d. Nant. 35.*

  II. *Abfall eines tonlosen* e *am Ende des Wortes.*

  1. El (illa) *für* ele *s. Pron.*

  2. Baivier *für* Baiviere *ist ziemlich häufig, findet sich
aber fast nur im Reime: Gaufr. 150, 152, 211, 225, 268;
Gui d. B. 57; Otin. 10; Ch. d. S. I 158, 224, II 138, 172;
Aye d.' A. 36; Gui d. Nant. 26; RMont. 425, 2 etc.*

  3. *Man findet ferner* empier *f.* empiere, empire *Doon
d. M. 190;* pal *f.* pale (pallidus) *RMont. 400, 22;* atendu
f. atendue *Gayd. 318;* aatin *f.* aatine *Aye d.' A. 86;* ai *f.*
aie *Doon d. M. 151;* essoign *f.* essoigne *Ch. d. R. 1232;*
ces *f.* cesse *Ben Troie 1167;* fair *f.* faire *W. A. L. p. 33;*
riot *f.* riote *ib. p. 63.*

III. Um sie auch als klingende Versausgänge benutzen zu können, wird etlichen Wörtern, die sonst nur einen stumpfen Reim abgeben, bisweilen ein e angefügt. Sehr häufig begegnet so Denise *für* Denis, *z. B.* Moult li fist grant honor Karles de Saint Denise Aye d.' *A. 7 und ähnlich ib. 33, 42, 73; Ch. d. R. 973, 2347; RMont. 370, 27; G. l. L. I 95; A. et A. 1777; Gayd. 54, 146, 326; R. de Berte 47, 103, 134; N. F. et C. I 215; W. A. L. p. 7, 8; Ben Chr. I 2024 etc. Da, wo* Denise *stehen könnte, d. h. in zehn- und zwölfsilbigen Versen in der Cäsur und vor Vocalen, findet man meist* Denis, *nicht* Denise, *so Aye d.' A. 39:* Jamais a Saint Denis ne porterai corone *und ferner* A Saint Denis en France *etc. R. de Berte 54; vgl. G. l. L. I 12, 231, II 56, 141; V. S. Th. 149; Gayd. 3, 7, 228. — RMont. ist von den betrachteten Gedichten das einzige, das auch hier* Denise *hat:* Nenil, par saint Denise, ja mar en douteres *147, 36 und so ib. 239, 34, 307, 24, 366, 37. — Eben so verhält es sich mit* esperite *f.* esperit. *Diese Form steht im Reime Chev. au lyon 1714, 4460, 4984, 5448; Erec. 695; Ben Troie 18689; Ben Chr. 13325; W. A. L. p. 70; N. F. et C. I 313, II 48, 121; R. d. Berte 77. Im Innern des Verses fand ich sie nur N. F. et C. II 65; Ben Chr. 8031.*

Auch gewöhnlich nur im Reime findet sich doie, doies *f.* doi, dois (digitus): Et a dit a Hervieu: bailliez cha vostre doie *Gui d. Nant. 53;* Symons vient a Bertain si la prent par la doie *R. de Berte 159;* Et du cuir li trencha trois doie *N. F. et C. I 147;* Bien pres en cuide estre a deus doie, Mais loing en est plus de mil aunes *ib. II 42;* N'est nus que je demander doie, S'an vivant muert, quant a deus doie, Voire a plain pouz parcoit la mort *ib. II 61;* S'il aime son filz, il fet bien, Mes en cestui ne voi ge rien, Par quoi il tant amer le doie, Qu'en lui n'a pas de bien deus doie *ib. II 335;* Gie sui enpres la grant dolor, Mes tu n'en ies pas a trei deie, Que tu sentes mei ne la meie *Ben Troie 20724. Nicht im Reime steht diese Form N. F. et C. II 98, 289; Auberi 109, 24; Ch. d. S. II 133. Ebenso ist* troie

(trois) *Bartsch 361, 42*. — *Ein e ist ferner angefügt in
Oriente Ch. d. R. 3594; Ch. d. S. I 65, 66; Floov. 44
(Oriande), sowie in omnipotente Ch. d. R. 3599;* glaie (gladius) *Ben Chr. 9828;* die (dies) *Ben Troie 25660; Ben Chr.
19232; V. d. S. A. p. 295.
Auch sonst giebt es eine beträchtliche Anzahl von Substantiven, die zu gleicher Zeit eine Masculin- und Femininform besitzen. Manchmal bestehen beide Formen ohne Unterschied neben einander, wie* acort *und* acorde, barat *und* barate, boel *und* boele, bras *und* brace, cervel *und* cervele, covertor *und* coverture, despens *und* despense, esclis *und* esclices, foil *und* foille, ermin *und* ermine, jovant *und* jovante, respons *und* response, torment *und* tormente *etc.,
wobei eine Bevorzugung der einen Form vor der andern
nicht wahrgenommen wird. Oft aber erscheint entweder die
Masculinform als die ursprüngliche und gebräuchliche, und
es wird gelegentlich aus metrischen Gründen, meist nur durch
Anfügung eines e, die Femininform geschaffen, oder das e
der Femininform wird, um das Wort als stumpfen Reim zu
gebrauchen, abgeworfen. Im Nachfolgenden ist eine Reihe
solcher Wörter mit doppelter Endung zusammengestellt worden: man wird so am Besten ersehen können, wie auch in
dieser Hinsicht Assonanz und Reim eingewirkt haben, indem
ich bemerke, dass von den Beispielen nur 11 nicht im Reim
stehen. Von häufig vorkommenden Wörtern habe ich nur die
seltenere Form zu belegen für nöthig erachtet:*
    arest *Chev. au lyon 2223; R. d. l. V. 55, 157; Bartsch
173, 29; N. F. et C. II 341; Cleom. 9472, 13020, 13531;
R. d. l. Ch. 299, 632, 1187;* — areste *N. F. et C. I 400.*
    aloing *Ben Troie 1642;* — aloigne *R. d. l. V. 295;
Bartsch 296, 38; R. d. l. Ch. 3879; N. F. et C. I 300,
II 98, 147, 188, 220.*
    anui; — anuie *Bartsch 148, 2.*
    arondel *Ben Troie 8298; Ben Chr. II 2070, 21401;
Otin. 14;* — arondele *Ben Troie 2454; RMont. 385, 35;
Gayd. 79* (alondrelle).

aubespin *RMont. 376, 13;* *Ben Chr. 19951;* — aubespine *Cleom. 6669.*

commun; — commune *Ben Troie 12961, 27182;* *G. l. L. II 53, 206.*

covin *Ch. d. S. I 152;* *Auberi 82, 22, 95, 1, 124, 4, 22;* *Gaufr. 182;* — covine.

creant; — creante *Jourd. d. B. 330, 1643;* *Erec. 6143;* *R. d. l. Ch. 3896.*

desacort, descort *Ben Troie 17393;* *Ben Chr. 12573;* *N. F. et C. I 274;* *Cleom. 14383;* — discorde, descorde.

desdain, desdaing; — desdaigne *N. F. et C. I 41.*

deslai; — deslaie *R. d. l. Ch. 6388, 6596.*

desroi; — desroie *A. et A. 2468.*

detri; — detrie *Gaufr. 222, 315;* *Aye d.' A. 111;* *Doon d. M. 249.*

erbier; — herbiere *Gayd. 286.*

erboi *Ch. d. S. I 119, 189;* — erboie *Ch. d. S. I 108.*

espin *W. A. L. p. 64;* — espine.

fenestre (f. fenestrel) *Doon d. M. 173, 251;* — fenestrele *R. d. S. G. 999;* *G. l. L. 159.*

fontenil (f. fontenel) *Ben Chr. 31224;* — fontenele.

gaaing; — gaaigne *Ch. d. S. I 114;* *Gaufr. 316;* *Ben Troie 20297;* *Ben Chr. 28447;* *RMont. 142, 16, 342, 9, 367, 37.*

gravel *Auberi 159, 22;* — gravele.

juis, jois *Jourd. d. B. 474, 2215;* *Huon d. B. 66;* *Gui d. B. 105;* *G. l. L. II 49, 62, 144, 271;* *Auberi 231, 4;* *Ben Chr. 26326;* *W. A. L. 60, 62, 67;* — juise, joise.

porpris; — porprise *Ben Chr. 26556;* *N. F. et C. II 434.*

poudrier *RMont. 131, 27;* *Ben Chr. 6273;* *V. S. Th. 114;* — poudriere.

refus *Cleom. 6314;* — refuse *Ch. d. S. II 104.*

repostail *Ben Troie 22055;* *Ben Chr. 18588, 32558, 39123;* — respostaille *N. F. et C. II 129;* *R. d. l. Ch. 6494.*

sablonier *Gaufr. 198, 229;* — sabloniere *ib. 102;* *Auberi 187, 18.*

sapin; — sapine¹) *R.Mont 407, 1.*
soin; — soigne *Cleom. 9188, 13312, 14051, 14965, 17574, 18545.*
train *Ch. d. S. II 66; Floov. 18; Gayd. 109; N. F. et C. I 9; G. l. L. II 88, 258; RMont. 376, 17;· Ben Troie 17081, 20546, 20549; Ben Chr. II 872, 5427, 16487, 20020, 21672, 31007, 32553, 33564;* — traine *Auberi 247, 28; Ch. d. S. I 116, 227; V S. Th. 120, 156; RMont. 400, 11; Atre per. 3763.*
travail; — travaille *Ben Troie 20769; Ben Chr. 5479, 37250, 41150.*
turiel *R. d. l. V. 305;* — torele *RMont. 364, 6; Atre per. 4362.*

In welchem Umfange Assonanz und Reim Einfluss auf Bildung und Einbürgerung eigenthümlicher Formen haben, soll noch an einigen Beispielen gezeigt werden. Neben den oben angeführten arest areste *existiren u. a. folgende Ableitungen:* arestee, arestison *(beide sehr häufig),* arestage *RMont. 363, 15, 454, 4; Auberi 85, 15;* arestement *RMont. 45, 14, 118, 15; Gayd. 323; Jourd. d. B. 3632; Auberi 224, 7;* arestue aresteue *A. et A. 1518; Auberi 161, 30;* arestal *Jourd. d. B. 2860; Ch. d. S. II 35: Auberi 219, 1, 7;* arestance *R. d. S. G. 1570.* Ebenso neben demor, demore, demoree, demorance, *die alle vier oft vorkommen,* demorement *Ch. d. S. II 113; Gui d. Nant. 36;* demoraine *Gaufr, 316, 317; Auberi 19, 25, 225, 15.* — In derselben Weise entwickeln sich aus dem Stammworte pre (pratum) die Formen pree *(z. B. Gui d. Nant. 59, 61, 63),* prael *RMont. 443, 31,* praele *(häufig),* praelet *(z. B. Chev. au lyon 237),* preage *Gaufr. 290,* praerie, praiere *Ch. d. S. II 87.*

IV. *Consonanten.* Unter den Consonanten sind es besonders die liquiden, bei denen mit Rücksicht auf den Reim Eigenthümliches wahrgenommen wird. Wir werden sie, der

---

1) In der Bedeutung „Tannenholz", die sonst nur der Form sapin zukommt, während sapine „Tannenwald" heisst.

Grammatik von Diez folgend, der Reihe nach betrachten, auch gelegentlich von Erscheinungen Notiz nehmen, die zwar nicht unmittelbar in metrischen Verhältnissen ihren Grund haben, mit unserer ganzen Betrachtung jedoch in engem Zusammenhang stehen.

L.

1. *Diez (Gr. I 204) verzeichnet eine Anzahl Wörter, wo* l *in* r *übergegangen ist. Ihnen reiht sich an* mire (mille) Ben Troie 13913, evangire Ben Chr. 13273, vigire *ib.* 19175, apostoire *ib.* 41972 *(wie* estoire *aus* στόλιον*), sämmtlich im Reime, ferner* pormon [1]) (pulmonem, *vgl.* orme *aus* ulmus) *und* angre [2]) (angelus). *Weitere Belege für* mure (mula) *finden sich R. d. l. Ch.* 2782, 6390, 6641 [3]); *für* concire *Ben Troie* 201, 517, 5714, 19914, 24716, 25575, 26140, 26369, *Ben Chr.* 10612, 23619. *An allen diesen Stellen stehen die beiden Wörter im Reime* [4]); *im Innern des Verses dürfte* mure, concire *kaum vorkommen. So steht R. d. l. Ch.* 2785 *im Innern des Verses gleich wieder* mule, *ebenso* 2788, *Ben Troie im Innern des Verses* concile *18129, 20333, 25229, 26211, 26919, 27625,. ferner Ben Chr. 4872, 7089. Auch bringt die erste Erzählung der N. F. et C., deren Titel lautet* „La mule sans frain ou la damoisele a la mure", mure *fast nur im Reime, so 18, 37, 125, 227, 1078, 1134, während im Innern des Verses* mule *steht, so z. B. 42, 127, 222, 366, 411, 541, 990, 1053, 1126 etc. Nur ein Mal, 274, steht* mure *unabhängig vom Reime. Auch sonst findet man*

---

1) *steht z. B. Ch. d. S. I 142, II 51, N. F. et C. I 171, Ben Troie 9851, G. l. L. II 96, Gayd. 48, 123, 243, 289, 292. Auch* pommon *kommt vor, z. B. Doon d. M. 53, 286, Aye d.' A. 66, 94.*

2) *oft altfr. z. B. Gaufr. 121, Doon d. M. 4, 11, 58, 109 etc., Gui de B. 6, 15, 42, 116, 124, 125, A. et A. 1281, 1807, 1809, 2769 etc.*

3) *Erec. 5132 steht* mule: cure; *Ben Chr.* 20671 dire: evangile; *ib.* 37869 victoire: apostoile; *man darf wohl* mure, evangire, apostoire *setzen.*

4) *auch in dem Beispiele bei Littré* concire *im Reime.*

nur mule, concile, *nicht* mure, concire. Mur *dagegen für* mul, *das im G. l. L. öfter begegnet, kommt auch sonst vor, z. B. Gui d. B.* 21, 22, 28, 54, 94, *Floov.* 77, *Auberi* 121, 10, 138, 28, *V. d. S. A. p.* 224; muret *aber für* mulet *habe ich noch nirgends gefunden. In A. et A., Jourd. d. B., Gayd. trifft man* murl, murle, murlet. — *Übergang des auslautenden* l *in* r *in* roisignor *für* roisignol *z. B. W. A. L. p.* 49, 72.

2. *Wegfall des inlautenden* l *ist selten. Nur* sepucre *f.* sepulcre *begegnet häufig, z. B. G. l. L. II* 250, *Doon d. M.* 18, *Aye d.' A.* 85, *N. F. et C. II* 80: cucre; *R. d. S. G.* 790, 913, *Huon d. B.* 47, 57, 85, 92, 116, 145, 156, 181, 234, *RMont.* 37, 21, 381, 9, 411, 26, 413, 13, 414, 25, 417, 16, 29, 418, 12, *V. d. S. A. p.* 357. *Noch allgemeiner ist* seignorie *f.* seignorile.

3. *Auslautendes* l *dagegen wird oft abgeworfen, vornehmlich in den Endungen* el *und* il, *so* cende *f.* cendel: bende *Ben Troie* 13003, *G. l. L. I* 97, *II* 29, *Huon d. B.* 256, menestre *f.* menestrel *ib.* 256, carne *f.* carnel *ib.* 83, 100, 227, 293, 309, *RMont.* 52, 36, morte *f.* mortel *ib.* 40, 21; principe *f.* principel *ib.* 52, 16; nonbli *f.* nonblil *Ben Troie* 28754: di, *(aber im Innern des Verses* nonblil *ib.* 12209, 28743); seignori *f.* seignoril *Jourd. d. B.* 1311, *R. d. Berte* 160, 189, *G. l. L. I* 44, *II* 65, 85, 106, 164, 266, *Fl. et Bl.* 1956: li; *Auberi* 122, 11, 172, 11, 198, 25, 244, 31, *RMont* 28, 13, 159, 17, 160, 1, 304, 24, 374, 17, 383, 8, *Gaufr.* 177, 191, *Aye d.' A.* 110 [1]); Po *f.* Pol (Paulus) *im Reim mit* po (paucus) *N. F. et C. II* 194.

4. *Ein Beispiel von Versetzung des* l *ist* Dammeldex, Dammeldeu *f.* Damledex, Damledeu, *z. B. RMont.* 99, 35, 137, 23, 214, 23 *etc., A. et A.* 417, 496, 1626, 2191 *etc., Jourd. d. B.* 485, 607, 771 *etc.*

---

[1] *An manchen Stellen, wo nur Assonanz vorherrscht, könnte auch* seignoril *stehen: wenn man doch beinahe ausschliesslich* seignori *findet, so beweist das, dass der Abfall des* l *in diesem Worte allgemein war.*

M.

Übergang von m *in* n: *Ausser* hon, non (nomen), sanler, tranler *etc. ist hier zu erwähnen* crien *f.* criem *im Reime* crien ge: vienge *BenChr.* I *1682,* ain *f.* aim: main *Cleom. 13206.*

N.

Übergang von n *in* l: ymagele *Bartsch 175,7; von* n *in* r: Libanor *im Reime mit* Helpanor *BenTroie 12182 und* Nestor *19666. Meist nur im Reime steht* rancure: *BenTroie 10573, BenChr. 3972, 5245, 5572, 5741, 13371, 13691, 14328, 14508, 16579, 19724, 22081, 31874, 39221, 39633, 40128, Doon d. M. 274, V. d. S. A. p. 314.* — Rancune *ist schon altfr. gewöhnlicher: Huon d. B. 76, 246, 310, Ch. d. R. 2301, N. F. et C. II 82, 252, 328, Atre per. 2177, 4430, BenTroie 8453, 8849, 27181, 27335, 28794, 28911, Doon d. M. 311, R. d. l. Ch. 685, Bartsch 150, 26, 343, 24, 372, 19.*

Die *Verwandlung des* n *in* l *in* orphelin *muss sich erst in späterer Zeit ereignet haben, da die altfr. Form durchaus* orphenin, orphenine *ist, vgl. V. S. Th. 89, 126, Huon d. B. 29, 30, 90, 254, G. l. L. I 55, 118, 221, 251, 291, II 90, 267, N. F. et C. I 83, II 41, 46, RMont. 19, 36, 236, 24, 346, 36, BenChr. I 1278, 4990, 20970, 23160, 28651, 30497, 31168, 31707, 41601, W. A. L. p. 64, Lib. psalm. p. 11, 85.*

R.

1. Verwandlung des r *in* l *dem Reime zu Liebe liegt vor in* miserele *f.* miserere: bele *BenChr. 25502;* estoldre *f.* estordre: soldre *BenTroie 22746.* — *Die ursprünglich richtige Form* alter, auter = autel (altare) *steht BenChr. 30107, V. d. S. A. p. 147. Zu den von Diez I 223 erwähnten Beispielen gesellen sich* autolise (autorise) *R. d. l. V. 1,* haligote (harigote) *Doon d. M. 133,* celises (cerises) *A. et A. 573.*

2. *Was die Umstellung des* r *anbetrifft, z. B. in* fromage *f.* formage¹), *so ist für das Altfr. zunächst zu bemerken, dass die ursprünglich richtigen Formen nicht nur in der allerältesten Zeit, sondern auch später hin und wieder vorkommen, z. B.* formage *Gaufr. 80, 109;* tourbler *Jourd. d. B. 1462, 2146, 2240, 2288, 2332, V. d. S. A. p. 249, 309;* berbis *LRois p. 165, ferner aber, dass die andere Art der Versetzung, die z. B. im italienischen* farnetico *Statt gefunden hat, ziemlich oft sich vorfindet. So häufig* pernez, perneit (prenez, preneit), guernon (grenon), quernu (crenu), kernel *oder* quernel (crenel), *ferner* esquermir (escremir) *Gayd. 154, 213,* forment (froment, *vgl. ital.* formento) *V. S. Th. 31, Doon d. M. 60, 97, BenChr. I 1139, 2297, 11942, LRois 134, 243, 360;* purnele (prunele) *V. S. Th. 74, BenChr. 12724;* ternite (trinite) *V. S. Th. 80, 116, 129;* duerra (= durera, *wofür man aber gewöhnlich* durra *findet, wie* dorra *f.* donera) *V. d. S. A. p. 223, 227,* pourfiter (profiter) *Bartsch 373, 8,* pourcession (procession) *V. d. S. A. p. 240, 251, 312,* pourmetent (prometent) *ib. p. 243,* pormener (promener) *Gayd. 262,* gerniers (greniers) *LRois 369 etc.*

3. *Ausfall des* r *dem Reime zu Liebe:* eschas *f.* eschars (scarpsus): pas *BenTroie 9450,* Prothenos *f.* Prothenors: galos *ib. 8646,* traitos *f.* traitors: doloros *ib. 26038,* prious *f.* priours: religious *Erec 6809.*

Apocope des r *begegnet im Altfr. besonders in den Endungen* er, ier. *Schreibungen wie* sangle, pile, vergie *erscheinen in Volksdichtungen nicht selten. Letztere Form findet man auch bei Kunstdichtern, bei diesen allerdings nur im Reime, so Fl. et Bl. 1975:* irie; *R. d. l. V. 167:* targie;

---

1) *Fernere Beispiele sind:* avresier (aversier) *Bartsch 179, 25, Huon d. B. 6,* escrelate *ib. 27, 214, 247;* frete (ferte) *ib. 156, 261;* granissent (garnissent) *R. d. l. V. 129;* gouvreneour (gouverneour) *V. d. S. A. p. 252, 312;* vregier (vergier) *Bartsch 175, 1, 10, 393, 17, 32, Huon d. B. 113, 165, 166, 167.*

ib. 168: atargie; vergiez: enseigniez *BenTroie 3369*. Ebenso ist losengie *f.* losengier: preie *ib. 25549*, quidie *f.* quidier *R. d. l. V. 75*. — Eingeschoben ist das r in envire *f.* envie: contredire *Atre per. 3260*.

4. Eine grosse Menge von Reimen zeigt, dass man über r, besonders wenn es vor s steht, in der Aussprache hinweggliitt. Man beachte folgende Reime: escrache: patriarche *BenChr. 35129*; rivage: barge *BenTroie 27503, Ben Chr. I 1329*; sage: large *ib. 8878, 29589, 30578, 36960*; gaaignages: larges *ib. 7144*; encharge: message *ib. 12037*; corage: large *ib. 22540*; bagne: espargne *N. F. et C. I 99*; vendre: demande *ib. I 193*; provande: prendre *ib. I 358*; prendre: despende[1]) *BenChr. 39509*; quatre: s'anconbate *Chev. au lyon 3859*; regarz: braz *BenTroie 1257*; parz: braz[2]) *ib. 19167*; Achilles: envers *ib. 10637*; envers: pres *ib. 19123*; mes: travers *ib. 19698*; solers: alez *N. F. et C. I 290*; pers: prez[3]) *BenChr. II 1111*; diverses: presses *R. d. l. V. 37*; portee: mere[4]) *N. F. et C. I 235*; plessa: enversa *ib. II 285*; treve: Minerve *BenTroie 26015*, : oeuvre *N. F. et C. II 331, 412*, : descuevre *Fl. et Bl. 675*; servez: devez *N. F. et C. II 326*; prestre: areste *N. F. et C. I 276*; grezeis: veirs *BenTroie 9373*; chapitre: acquite *N. F. et C. I 406*; traite: etre (= atre) *Atre per. 6573*; vespre: guespe *N. F. et C. II 17*; piece: tierce *BenTroie 1759, Ben Chr. 24423*, chies: fiers *BenTroie 10701*; Angiers: gies *R. d. l. V. 121*; gries: volentiers *N. F. et C. II 169*; comenciers: gries[5]) *ib. II 457*; rubis: safirs *BenChr. 26092*; orme:

---
1) So auch in den chansons de geste unter lauter Reimen auf ante esciantre *Ch. d. S. II 3*;

2) unter Reimen auf as mars *Aye d.'A. 89*, ars, Guichars *ib. 100*, eschars *Doon d. M. 74*;

3) unter Reimen auf ez esclers *Otin. 46*, bers *Ch. d. S. II 69*, pers *Gaufr. 215*, und umgekehrt unter Reimen auf ers palais, pes *Ch. d. S. I 60, 61*;

4) unter Reimen auf ee pere, frere, emperere *Aye d.'A. 48, 107*;

5) unter Reimen auf iez derrierz *Ch. d. S. II 21.* chevaliers *ib. II 139*;

homme *R. d. l. V. 295*; sona: torna *Atre per. 163*; lobe: orbe *N. F. et C. I 49*; nos: forz *BenTroie 11665*; hors: os *ib. 28027*; esforz: nos *ib. 19851, BenChr. I 1005, II 717*; osz: esforz *ib. 5183*; cors: dos *ib. 18982*; jorz: toz *ib. 24409*; morz: noz *ib. 37574*; resplendors: dous *BenTroie 14581*; clos: defors *N. F. et C. II 287*; amors: vos *ib. II 286*; oirs: rois[1]) *Fl. et Bl. 27*; jalous: jorz *N. F. et C. I 279*; touz: jourz *ib. II 157*; mort: tost *ib. I 210, 235*; dort: tantost *ib. I 234*; porter: redoter *BenTroie 14151*, : troter *N. F. et C. I 245*; grosse: destorse *BenTroie 9271*; resorse: rescosse *BenChr. 17984*; caboce: force *ib. 22298*; Escoce: force *ib. 38553, 40483*; borsse: rescosse *N. F et C. I 45*; rosse: borsse *ib. I 121*; roge: serorge *BenTroie 13785*; vostre: hoste *N. F. et C. II 283*; plus: seurs[2]) *N. F. et C. II 229*, : durs *ib. 233*. — *Die übrigen Liquidae werden viel aufmerksamer behandelt. Hier kommen nur sehr selten Ungenauigkeiten vor, wie* lobe: noble *N. F. et C. I 49*; robes: nobles *ib. II 191*; nos: hastons *ib. I 221*.

Auch hinsichtlich des Verhältnisses der einzelnen Liquidae zu einander darf der Reim in Betracht gezogen werden. Wie nahe sich l *und* r *stehen, erhellt aus folgenden Reimen:* encore: karole *R. d. l. V. 13*; terres: vieles *Atre per. 6637*; cheville: lire *N. F. et C. I 207*; narilles (narines): sires *ib. I 253*; delitable: marbre *Fl. et Bl. 1861*. — *Noch häufiger stehen* m *und* n *im Reime:* fame: sane *Erec 4003*; tienent: criement *BenTroie 10485*; ome: courone *BenTroie 29409*; nomma: sardona *ib. 14587*; donne: homme *R. d. S. G. 509*, : pomme *N. F. et C. II 383*; morne: orme *ib. I 177*; — *selten* n *und* l : Athenes: teles *BenTroie 5683*; espalles: alnes *ib. 20617*; chansil: osterin *N. F. et C. I 361*.

T.

Mit Ausnahme von f *fällt unter den übrigen Consonanten keiner auch unabhängig vom Reime so häufig ab,*

---
1) *unter Reimen auf* ois voirs *Gaufr. 264*;
2) *unter Reimen auf* uz segurs *Ch. d. S. II 57*.

als t. Quanque, avangarde, gan, mon (mundus), blon, gar, mor, Richar *findet man auch in den besten Texten nicht selten (so z. B. in Ch. d. S., Fl. et Bl.). Wenn wir hier von der Volksdichtung einmal absehen und nur die Kunstdichtung in's Auge fassen, so bemerken wir, dass t dem Reime zu Liebe aber nicht allein häufig abfällt, sondern aus demselben Grunde auch oft in solchen Wörtern beibehalten wird, wo es der Mundart des Dichters gemäss sonst nicht zu stehen pflegt.*

1. *Abfall des* t *dem Reime zu Liebe:* cui, qui *für* cuit, quit (cuider) *V. S. Th. 43, N. F. et C. I 141, Ben Troie 24054, Bartsch 124, 26, BenChr. 9208, 9609, 10310, 13136, 31645, 31926, 37592, 40307, 40725, 41456, 41535, Atre per. 294, 4524;* — lendi *f.* lendit *R. d. l. Ch. 1482;* Prian *f.* Priant *BenTroie 258, 6661, 9080, 10203, 11833,* assal *f.* assalt (: vassal) *R. d. l. V. 110, 252,* nequeden *f.* nequedent *BenTroie 18641, 23687,* reon *f.* reont *Ch. d. S. II 142,* sor *f.* sort (surgit) *W. A. L. p. 33.*

So wird auch bisweilen wegen des Reimes das t *in der dritten Pers. Perf. abgeworfen, wo es sonst zu bleiben pflegt, wie* apparu *R. d. S. G. 2773,* valu *Cleom 642,* moru *ib. 7527, 13694, 18587, sowie im Particip* desconfi *f.* desconfit *R. d. Berte 145, Auberi 118, 23.*

2. *Das* t *ist dem Reime zu Liebe angefügt oder bewahrt, wo es sonst abfällt: Die grösste Freiheit erlaubt sich hier Adenes, sowohl im Cleom. als im R. d. Berte. Im Innern des Verses steht immer richtig Perf.* entendi *Cleom. 10231, 13257, 13276,* oy *ib. 12328, 12887, 14859,* issi *ib. 18491,* rendi *ib. 4691 etc., aber im Reime begegnet* entendit *3472,* oyt *11760,* issit *12648,* rendit *13242. Auch im Particip erscheint bisweilen das* t *im Reime:* assentit *1262,* garit *1668,* oyt *10709,* mentit *13750, sowie in Substantiven* mercit *13732,* detrit *9206,* veritet *15854 und im Adjectiv* hardit *11741.*

Ganz dieselben Dinge finden sich im R. d. Berte. Seite 76, 77 in diesem Gedichte, das sonst ein seltenes Form-

talent bekundet, *steht mit Rücksicht auf den Reim* naquit, mentit, dormit, merit, oit, faillit, trait, alentit, marrit, abosmit *für* naqui, menti, dormi *etc.*; *ferner* mercit, marit (maritus), hardit *für* merci, mari, hardi. *So auch* laidite *f.* laidie 77. *Andere Gedichte bieten diese Erscheinung selten: Ch. d. S.* hat otroit *I 214*, palefroit *II 86, V. S. Th.* affit *139, R. d. l. V.* refuit (refugium) *91, R. d. S. G.* Moysest *im Reime mit* est *2831, 2838 für das gewöhnliche* Moyses, *BenTroie* faillit *55.* Vite *f.* vie (vita) *BenChr. 5073 ist wie das eben erwähnte* laidite.

Übergang des t *in* c: sachance *f.* sachante *Doon d. M. 2,* estorce *f.* estorte: force *BenTroie 21883, BenChr. 9572.*

F.

Auslautendes f *wird häufig apocopirt dem Reime zu Liebe. So steht* tre *Erec 4185 (reicher Reim* son tre: encontre), *BenTroie 19285:* Gre, *Doon d. M. 333, Gui d. Nant. 86; ebenso* soue *Cleom. 2695, 6587, 6888, 8479, R. d. Berte 25, Ch. d. S. II 121, Doon d. M. 135, 168, RMont. 47, 21, 127, 38;* chie *R. d. l. Ch. 6436, BenTroie 22465;* cer: fer *Erec 706;* estri *BenTroie 7894, Auberi 117, 9, Doon d. M. 24, 151;* vi *Doon d. M. 152, 168;* anti *Gaufr. 191, 192, Auberi 199, 33, 214, 19, vgl. auch Littré;* poesti *RMont. 61, 29, R. d. Berte 160;* volenti *Doon d. M. 151;* braidi *RMont. 62, 9.*

Auffallend ist, dass von allen diesen Wörtern nur tre *auch unabhängig vom Reime nicht selten ist; wenigstens G. l. L., Ch. d. S. haben es auch häufig im Innern des Verses.*

S.

Abfall des s: vouti *Doon d. M. 151, Gaufr. 192, 194, ebenso* orfroi *N. F. et C. I 275,* plevi *R. d. Berte 2, Gaufr. 68, 176,* Athene *f.* Athenes *BenTroie 188, 470, 11317, 11894, 13494, 20537, 23492.*

C.

Abfall des c: jon *f.* jonc *Ch. d. S. I 232,* embron *f.* embronc *Gaufr. 257.*

Übergang des c *in* t: **anfante** *f.* **anfance** *W. A. L. p. 27.*

V.

Inlautendes v *ist ausgefallen in* naie (nativa) *Ch. d. S. II 53, RMont 158, 3, Otin. 43 (an allen drei Stellen in dem Ausdrucke* roche naie¹), *vgl. Gachet), ferner in* antie, *das auch unabhängig vom Reime häufiger zu sein scheint als* antive, *vgl. Littré.* Antive *fand ich nur Doon d. M. 148, L Rois 148.*

ZWEITER THEIL.

I. Declination.

1. *Die Veränderungen, die Wörter auf* l (al, ail, el, eil, il, ol, oil) *bei'm Hinzutritte des flexivischen* s *erfahren, sind von Burguy (I 86 ff.) einer eingehenden Prüfung unterzogen worden; nur hat er für die an und für sich richtige Behauptung, dass in Wörtern auf* il, *wenn* s *angefügt wird, das* l *bisweilen ausfällt, keine Beweisstellen beigebracht, wiewohl doch z. B.* fis *f.* fils, gentis *f.* gentils *ausserordentlich häufig begegnen. Die Frage, in welchem Verhältnisse hier die Formen, in denen die Erinnerung an* l *bewahrt ist* (fils, fius fix, cendals cendaus cendax, charnels charneus charnex), *zu den andern stehen, in welchen sie gänzlich getilgt ist* (fis, cendas, charnes), *hat Burguy nur oberflächlich berührt. Erst Tobler in seiner scharfsinnigen Untersuchung über eigenthümliche picardische Reime (s. Einleitung zum vrai Aniel) hat auch in diesem Punkte einigen Aufschluss gegeben. Er zeigt u. A., dass die Ausgänge* els *und* als *im*

---

1) *Diesem Ausdrucke entspricht der lateinische* vivum saxum *Ovid. Metam. V 317, VII 204, Virgil. Aen. I 167.*

Reime bald als eus, *bald als* es *erscheinen* (teus: preus, tes chites). *Von dieser Untersuchung ausgehend kam es mir darauf an, zu erfahren, ob sich hier nicht, abgesehen von mundartlichen Verhältnissen, einige für die gesammte altfr. Dichtung geltende Züge wahrnehmen lassen. Das Resultat meiner Nachforschung ist folgendes: Beinahe in jeder grösseren Dichtung trifft man von Wörtern auf* l (al, el *etc.*), *wenn das flexivische* s *hinzutritt, Formen, die das* l *selbst oder dessen Auflösung in* u *bewahren und solche, die es nicht thun; beide Kategorieen willkührlich durcheinander gemischt aber nur in ungenauen Volksdichtungen. Die Kunstdichter gebrauchen die zuletzt genannten Formen gewöhnlich nur im Reime. Dies findet sich streng durchgeführt zwar nur in wenigen Gedichten. So begegnen ohne Unterschied* fils fius *und* fis, gentils gentius *und* gentis *selbst in den reinsten Texten. In der Endung* il *scheint die Erinnerung an* l *überhaupt am leichtesten getilgt zu werden, während sie in den übrigen fester haftet, am festesten in den Endungen* al *und* el.

1) Al, ail[1]). *Im Reime oder in der Assonanz steht* cendaz *BenTroie 22756,* cendes *Huon d. B. 17, 258,* aubornaz *BenTroie 5478,* poitres *Huon d. B. 96; — aber im Innern des Verses findet man* cendaus, cendax *BenTroie 19955, BenChr. 22287, Huon d. B. 87, 256,* poitrax *ib. 54, 228.*

2) El, eil. *In der Assananz oder im Reime steht* ostes *Huon d. B. 17, Cleom. 16711, Gui d. B. 20,* autes (altare) *A. et A. 1464,* menestres *Huon d. B. 216, 233, 247, 258, Cleom. 7229, 10323, 10887, 12089,* mortes *Huon d. B. 110, 218, Cleom. 963, 18631, RMont. 236, 21, 315, 37,* natures *Huon d. B. 118, 309, Cleom. 2594, RMont. 322,*

---

1) *Die Endung* aiz *für* ailz, *auz kommt noch seltener als* az *f.* auz ax *vor, so dass sich über sie in diesem Punkte nichts Bestimmtes sagen lässt; doch wird sie vermuthlich auch meistens nur im Reime erscheinen.*

15, Gaufr. 78, charnes *Huon d. B. 91, 105, 136, 268, 309, A. et A. 570, Aye d.'A. 106*, champes *RMont. 49, 24, 154, 18*, esperites *Gui d. B. 124*. Aber im Innern des Verses findet man ostels osteus ostex *Huon d. B. 94, R. d. l. V. 71, 274, Gui d. Nant. 42, 64, Cleom. 16745*, autex (altare) *A. et A. 1631*, menestreus menestrex *Huon d. B. 215, 218, 251, R. d. l. V. 306, Cleom. 2884, 13603, 14066, 14069, 14072, 14073, 16509, 16529, 18579*, morteus mortex *R. d. l. V. 210, Jourd. d. B. 1614, Cleom. 3986, 9348*, naturex *Cleom. 15680*, charnex *A. et A. 1967, RMont. 264, 37, 367, 24* etc. — Ebenso erscheint tes (talis) fast nur in der Assonans oder im Reime, so *Cleom. 930, 1094, 1984, 2019, 2230* etc., *Huon d. B. 60, 109, 110, Fl. et Bl. 1988*, während im Innern des Verses steus tex steht[1]). Im Reime findet sich ferner orteiz (articulus) *BenChr. 2825*, feeiz *ib. 11487, 13436, 23128*, apareiz *BenTroie 22527, BenChr. 11017, 12523, 15754, 36928, 41344*, esveiz *BenChr. 13895*, trepeiz *ib. 21506*, conseiz *BenTroie 19711, BenChr. 39354* etc., aber im Innern des Verses steht feeils *BenChr. 31902, 36289, 36991*, vermeilz *ib. 9116*, conseilz ccnselz *BenTroie 10453, 11120, 12698, BenChr. 2997, 3981, 8232, 14344, 26354* etc.

3) ll. In der Assonans und im Reime steht soutis *Cleom. 1490, 1944, R. d. Berte 102, BenChr. 16792*, periz *Jourd. d. B. 781, BenTroie 26869, 28761*, sorcis *Aye d.'A. 118*, maisniz *BenChr. 7318*, vis (vilis) *BenTroie 12969* etc. Aber im Innern des Verses findet man soutiex *Cleom. 1817, 7231*, perils perix *ib. 168, 5064, 13508, BenTroie 7178, 28735, 28709, BenChr. 20920*, sorciex *Huon d. B. 188*,

---

1) Auch zwischen Kex Quex und Kes Ques, dem Namen des Seneschalls, wird ein Unterschied gemacht, wie auch Tobler schon bemerkt (s. Einleitung zum Vrai Aniel XXIX). Kes Ques steht nur im Reime, wenigstens in 3 Gedichten: Chev. au lyon *2178, B. d. l. Ch. 162*, Atre per. *268*; aber im Innern des Verses trifft man immer Kex Quex, so Chev. au lyon *55, 69, 86* etc., *B. d. l. Ch. 41, 43, 97* etc., Atre per. *222, 281, 295* etc.

sorcius *R. d. l. V. 46*, sorcix *Chev. au lyon 299*, vils *Ben Troie 12968*, *BenChr. I 2088, 2094, II 1905, 3327, 16229*.

Die beiden so oft vorkommenden Wörter fil und gentil mögen etwas näher besprochen werden. Was zunächst das erste anlangt, so machen, wie schon bemerkt wurde, nur sehr wenige Gedichte hier einen Unterschied zwischen fils fius fieus fiex fix einerseits und fis oder fiz andrerseits. In den meisten Gedichten begegnen die letztern Formen auch sehr häufig im Innern des Verses, ja, in Aye d.'A., Ch. d. S. herrschen sie sogar fast ausschliesslich vor. Streng verfahren Cleom., Huon d. B., Gui d. B., die fis fast nur im Reime bringen [1]). Ähnlich verhält es sich mit gentil, nur ist gentis noch viel häufiger auch unabhängig von Assonanz und Reim als fis, und man findet nicht selten die Verbindung gentis fix, gentis tius *z. B. RMont. 179, 35, 183, 36, 218, 10, A. et A. 1211, 2758* etc. Selbst der Cleom. ist hier nicht ganz correct, noch weniger Huon d. B., am correctesten Gui d. B.: in diesem Gedichte steht gentis fast nur im Reime, *z. B. 87, 98, 117, 127*.

4) Ol, oil [2]). Im Reime steht uiz (*f.* oiz) *BenChr. 12724*, genoiz *ib. 25076, 25117*, orguiz *ib. 2128*, aber im Innern des Verses oilz *ib. 2948, 3619, 8405, 11500, 12876, 13050* etc., genoilz *ib. 11715, 11967, 23155*, orguilz *ib. 33762 33777, 41597, 41768* etc. Unter den Wörtern auf ol erscheint fos für fox besonders oft auch unabhängig vom Reime, ja sogar im Chev. au lyon häufiger als fox.

Überschaut man die gegebenen Beispiele noch einmal, so sieht man, dass sie bei Weitem nicht alle der Kunstdich-

---

1) In den LRois trifft man fast nur die Form fis (auch Acc. Sing. und Nom. Plur.; fil begegnet nirgends), während die andern Wörter auf l (al, ail, el etc.) sämmtlich beim Hinzutritte eines s das l in diesem Denkmale bewahren. Die Auflösung des l in u dagegen kommt noch nicht vor.

2) Auch hier sind die Beispiele wie bei al, ail sehr rar.

tung angehören, sondern dass manche der Volksdichtung entnommen sind. In dieser reimte man aber weniger für's Auge als für's Ohr: der Grund, weshalb man in einer Tirade auf e osteus menestreus morteus natureus in ostes menestres mortes natures veränderte, liegt also tiefer. Der Laut eu muss so beschaffen gewesen sein, dass er nicht mit e assoniren konnte; wäre er = ö gewesen, so hätte der Bindung mit e vielleicht weniger im Wege gestanden. Wie er aber beschaffen gewesen, ist nicht leicht zu entscheiden. (Vgl. Tobler Einleitung zum Vrai Aniel XXVIII.)

2. Im Anschlusse an die letzte Betrachtung muss hier die Form De für Deu Dieu erwähnt werden. Sie findet sich, so häufig sie auch vorkommt, doch beinahe nur in der Assonanz oder im Reime. Viel seltener und auch nur so erscheinend ist der c. rectus Des.

a. De in der Assonanz oder im Reime: Gaufr. 30, 46, 47, 141, 175, 241, 243; Gui d. B. 8, 15, 17, 21, 25; Doon d. M. 174, 282; Floov. 23, 48, 49, 71; Huon d. B. 68 ff., 92 ff., 102 ff., 110, 115 ff., 126 ff., 137, 145, 170, 174 ff., 181 ff., 198 ff., 202 ff., 220 ff., 252, 259, 266 ff., 276, 285, 287 ff., 302 ff.[1]); Gayd. 12, 26, 31, 298, 309, 316; R. d. Berte 25, 64; RMont. 24, 17, 25, 15, 32, 37, 47, 17, 53, 19, 68, 11, 97, 24, 113, 10, 139, 1, 147, 31, 153, 19, 169, 17, 199, 38, 232, 11, 235, 2, 17, 236, 20, 237, 24, 29, 241, 27, 267, 23, 268, 9, 269, 32, 270, 24, 276, 13, 287, 22, 289, 31, 295, 27, 297, 10, 303, 7, 15, 34, 36, 305, 10, 27, 33, 309, 32, 316, 38, 318, 18, 319, 6, 320, 21, 29, 323, 29, 324, 9, 325, 34, 329, 24, 418, 2, 431, 20, 432, 13; Auberi 5, 1; N. F. et C. II 347, 365; G. l. L. I 12; Fl. et Bl. 418; Atre per. 1175, 1278, 1337; A. et A. 1004, 1082, 2306, 3326; Jourd. d. B. 2218; Chev. au lyon 1910, 4394; Erec 1638, 4283, 5820; R. d. l. Ch. 702, 4343; BenTroie

---

1) Wie häufig also in dieser chanson de geste! Die Assonanz in e herrscht eben durchaus vor. Ähnlich ist es in RMont., während G. l. L. seltsamer Weise beinahe nur Tiraden in i bietet.

7905, 25502, 29646; BenChr. I 575, 966, 12512, 17715, 32951, 35460.
  Im Innern des Verses fand ich De: *Floov. 38; Aye d.'A. 14, 111, 112, 113; Gui d. Nant. 11; Gayd. 72; Ch. d. L. S. 206, II 157. Da diese Gedichte sonst nur* Deu Dieu *haben, so ist hier vielleicht ein Versehen anzunehmen. Auffallend ist, dass BenTroie* De *ungefähr 30 Male auch im Innern des Verses hat, und BenChr. doch nur ein Mal 11796.*
  b. Der c. rectus Des *in der Assonanz oder im Reime: A. et A. 2435, Jourd. d. B. 186, Gui d. B. 53, Huon d. B. 82, 92, 97, 127, 144, 225, 253, 263, 287, 289, 300, 304, Aye d.'A. 104, Gayd. 3, RMont. 228, 33, 236, 37, 240, 19, 264, 10, 267, 8, 33,* Des *muss für* Dex *eingesetzt werden in dem letztgenannten Gedichte 268, 1, 32, 297, 2, 308, 24, 317, 35. Im Innern des Verses fand ich* Des *nur Floov. 1, wo wohl* Dex *zu verbessern ist.*
  Wie genau die Alten in diesem Punkte verfuhren, kann am besten die Redaction des Alexiusliedes aus dem 12. Jahrh. (s. V. d. S. A. p. 222 ff.) zeigen. Da dies Denkmal bedeutend kürzer ist als alle so eben angeführten, so kann es in zweckmässiger Weise zugleich darlegen, wie De Des *nur in der Assonanz oder im Reime gebraucht wurde. In dem 1356 Zeilen enthaltenden Gedichte erscheint* De Damede *in der Assonanz Vers 41, 208, 297, 303, 305, 315, 323, 333, 364, 367, 375, 379, 527, 529, 648, 651, 721, 727, 907, 918, 937, 940, 1042, 1113, ebenso* Des Damedes *in der Assonanz 200, 341, 531, 1108. Im Innern des Verses aber steht nicht* De Damede, *sondern* Diu Dieu Deu *etc. z. B. Vers 27, 35, 37, 224, 235, 236, 237, 239, 360, 373, 510, 533, 545, 645, 668, 670, 713, 751, 772, 898, 899, 916, 933, 942, 953, 1052, 1154, ebenso im Innern des Verses nicht* Des Damedes, *sondern* Dius Dieus Diex *z. B. 183, 187, 288, 371, 523, 524, 560, 1087, 1096, 1122, 1145 etc.*
  3. Die mundartliche Form fu (focus) *begegnet auch in Gedichten, die sonst nur* feu *haben, im Reime nicht selten: Cleom. 1707, 7142, 11263; N. F. et C. I 294, II 77, 338,*

405 (an allen 7 Stellen im Reime mit fu = fuit); *Auberi 221, 29; Ch. d. S. I 207, II 162; Gaufr. 87; Gayd. 17, 148; R. d. Berte 74*. Aber im Innern des Verses findet man feu: *Cleom. 1711, 1714, 1720, 11261, 11262, 11441; N. F. et C. I 7, 40, 58, 75, 121, 129, 289, 301, 335, 346, II 40, 53, 159, 176, 201, 224, 232; Auberi 222, 2, 225, 28; Ch. d. S. I 18, 63, II 40, 55, 140; Gaufr. 135, 176, 177, 178, 235, 249, 286; Gayd. 10, 12, 20, 21, 22, 58, 107, 138, 139, 140, 142, 151, 159, 199, 215, 249; R. d. Berte 71, 72, 116, 129*.

4. *Noch ist des Wechsels der Endungen* e *und* ie *in einigen Wörtern zu gedenken. Betrachtet man irgend eine grössere Dichtung näher, so sieht man im Reime sowohl die Formen* pite, ire, amiste, mauvaiste *als auch* pitie, irie, amistie, mauvaistie. *Schon Tobler hat auf das doppelte Vorkommen dreier dieser Wörter im Reime aufmerksam gemacht (s. Vrai Aniel Einleitung XXIX, XXX und Anmerkung zu Vers 308). Eine nähere Vergleichung beider sich gegenüberstehender Gruppen ergiebt ferner, dass die Formen, die auf den einfachen Vocal endigen, in Gedichten aller Mundarten sich in der Regel nur in der Assonanz oder im Reime vorfinden, während im Innern des Verses meist nur die auf* ie *ausgehenden gebraucht werden, (die im Reime natürlich auch oft erscheinen).*

a. Pite *(auch* piete *zuweilen) in der Assonanz oder im Reime: Gaufr. 6, 38, 175, 248, 317; Doon d. M. 3, 8, 23, 35, 56, 71, 76, 122, 123, 161, 181, 206, 277, 304, 331; Gayd. 61, 100, 101, 129, 308; Ch. d. S. II 34, 155; R. d. Berte 26, 66, 93, 138; RMont. 33, 29, 86, 21, 127, 33, 234, 25, 235, 15, 20, 276, 8, 287, 29, 36, 297, 19, 323, 6;* piete *ib. 81, 16, 88, 1; R. d. l. V.* piete *246; R. d. S. G. 2714; V. S. Th.* piete *77; Jourd. d. B. 3193; Cleom. 1198, 3721, 6073, 8522*.

Im Innern des Verses aber steht pitie: *Gaufr. 6, 203; Doon d. M. 12, 23, 24, 35 (eine Zeile vorher im Reime* pite), *45, 47, 59, 61, 85, 102, 108, 144, 149, 158, 161,*

*166, 193, 207, 220, 221, 297, 319, 331 (eine Zeile vorher
im Reime* pite); *Gayd. 77, 135, 200, 325; Ch. d. S. I 19,
73, 89, II 88, 143, 145; R. d. Berte 38, 63, 67, 68, 69,
71, 72, 74, 100, 122, 123, 126, 128, 138, 166, 175; RMont.
20, 35, 53, 1, 38, 28, 88, 21, 168, 24, 179, 13, 180, 8, 235,
24 (einige Zeilen vorher im Reime* pite); *252, 22, 274, 16,
336, 35, 350, 25, 351, 31, 353, 31, 354, 19, 380, 8; R. d. l.
V. 26, 54, 96, 101, 109; 233, 235, 243; R. d. S. G. 475,
477, 796, 799, 2402, 2435, 2720; V. S. Th. 32, 50, 86,
95, 98, 103, 154; Jourd. d. B. 272, 860, 1723, 2377,
2618, 3029, 3646, 4150, 4158; Cleom. 195, 338, 392, 6195,
6209, 6649, 8464, 9403, 9777, 9921, 11061, 11157, 11494,
11580, 12058. Ganz streng ist der Unterschied freilich nicht
immer durchgeführt: auch* pite *erscheint bisweilen im Innern
des Verses: Doon d. M. 76, 138, 140; R. d. Berte 27;
RMont. 380, 11, 412, 19, 413, 22, 417, 26, 453, 22; R. d. l.
V. 83; V. S. Th. (*piete *zweisilbig) 72; Cleom. 2255. Da
dies zufällig grade bei den Gedichten der Fall ist, die sonst
so sehr häufig* pitie *haben, wie wir gesehen, so ist hier ohne
Zweifel ein Irrthum zu constatiren. — Gedichte, welche* pite
im Reime nicht bieten, zeigen im Innern des Verses pitie:
*BenTroie (in der Chronique herrscht in diesem Punkte, so-
wie auch hinsichtlich der weiblichen Participia Perf. der
Verben auf* ier *eine solche Verwirrung, dass ich sie für die
vorliegende Untersuchung nicht verwerthen konnte), G. l. L.,
Aye d.'A., A. et A., Fl. et Bl., R. d. l. Ch. Nur Ch. d. R.
bringt merkwürdiger Weise auch unabhängig von der Asso-
nanz nur* pitet, *während andre normannische Gedichte doch*
pitie *haben (s. oben).*

b. Ire, aire *in der Assonanz oder im Reime: Cleom.
949, 2305, 2610, 3468, 4379, 4653, 6492, 9256, 13652;
Ch. d. S. II 1, 19, 39, 50, 81, 128, 154, 175; Fl. et Bl.
2612, 2669; Gui d. B. 36, 52, 116; Jourd. d. B. 748,
2243, 2742, 2952, 3616, 3881, 4159; R. d. S. G. 2176,
3072; RMont. 1, 24, 4, 3, 33, 33, 47, 27, 52, 26, 73, 3, 31,
74, 32, 75, 20, 76, 13, 33, 79, 27, 97, 8, 16, 103, 29, 38,*

112, 29, 124, 27, 128, 31, 153, 29 (f. irie des Textes), 35,
227, 13, 234, 12, 275, 25, 289, 28, 34, 292, 13, 21, 298, 6,
9, 301, 13, 307, 10, 308, 8, 310, 26, 35, 312, 22, 314, 4,
323, 25, 30, 324, 23, 325, 15, 35, 344, 8, 345, 13, 369, 31,
399, 15, 407, 9, 431, 6, 18, 449, 12, 453, 16; G. l. L. II
190, 191 (f. irie des Textes).

Im Innern des Verses aber steht irie Cleom. 3194,
5996, 8440, 13686; Ch d. S. I 24, 89, 92, 199, II 2, 3,
29, 40, 49, 51, 58, 64, 66, 71, 72, 73, 162; Fl. et Bl.
286, 350, 2706; Gui d. B. 129; Jourd. d. B. 4053; R. d.
S. G. 1713; RMont. 75, 7, 158, 37, 179, 27, 185, 20, 187,
33, 202, 9, 248, 6, 339, 34, 348, 10, 370, 8, 386, 10, 394,
32, 435, 29; G. l. L. II 54, 131, 191, 253.

Auch ire aire steht einige Male im Innern des Verses,
nämlich RMont. 338, 21, 346, 4, Doon d. M. 186, 206. —
Gedichte, die ire zufällig im Reime nicht bieten, haben im
Innern des Verses irie: R. d. l. V. 112, 297; BenTroie 2041,
2717, 3314, 3476, 3502 etc.; R. d. l. Ch. 182, 3956, 4254.

c. Amiste *in der Assonanz oder im Reime:* Cleom.
15316, 17904, 18317; RMont. 97, 6, 109, 7, 112, 14, 125,
30, 150, 12, 161, 7, 162, 34, 239, 28, 240, 9, 288, 18, 32,
310, 3, 314, 7, 330, 4, 444, 16; Gaufr. 6, 140, 242 (für
amistie des Textes), 318; Ch. d. R. 29; Auberi 4, 8, 30,
5, 16, 109, 4; ferner ib. 29, 3, 51, 7, 52, 20, 60, 32 (wo
Tobler richtig verbessert); Aye d.'A. 114.

Im Innern des Verses aber steht amistie Cleom. 10639,
14971, 15310, 15945; RMont. 70, 6, 113, 3, 141, 29, 168,
19, 170, 5; Gaufr. 22; Ch. d. R. 622, 1487; Auberi 4, 7
(in der folgenden Zeile im Reime amiste), 20, 29; Aye d.'A.
2, 60. Ferner steht amistie *im Innern des Verses* in Gedichten, die amiste *im Reime* nicht haben: Floov. 48, 49;
V. S. Th. 57; A. et A. 495, 1996; BenTroie 16926. Amiste
im Innern des Verses: RMont. 317, 13, 445, 34; Cleom.
4356.

d. Mauvaiste *in der Assonanz oder im Reime:* R. d.
l. V. 133 (für mauvaistie des Textes); R. d. Berte 24, 109;

*RMont. 68,1; Ch. d. S. II 19, 81, 128, 154. Im Innern
des Verses aber* mauvaistie *R. d. l. V. 274, sowie in Gedichten, die* mauvaiste *nicht haben: Doon. d. M. 217; V. S.
Th. 93; A. et A. 1911; Auberi 162,10; R. d. S. G. 3822;
Cleom. 10410, 18564; BenTroie 1302, 3720, 6768, 9319,
11704, 11711; R. d. l. Ch. 1102, 2718, 3175, 3178, 5741,
5754, 5866.* Mauvaiste *im Innern des Verses R. d. l. V. 277.
Die gegebenen Beispiele zeigen, dass e und ie in den
behandelten Wörtern nicht willkührlich durcheinander geworfen werden dürfen. Überall wo in den Texten* pitie, irie,
amistie, mauvaistie *im Reime stehen mit Wörtern auf e, das
nie zu ie wird, muss dafür* pite, ire, amiste, mauvaiste *eingesetzt werden.*

*5. Fast nirgendwo lässt sich die Fessel, die der Reim
dem Dichter auferlegte, deutlicher wahrnehmen, als auf dem
Gebiete der Nominalflexion. Am strengsten erscheint auch
hier wie in allen Dingen Chrestien. Bei diesem Dichter fehlt
das flexivische s fast nur in solchen Wörtern häufig dem
Reime zu Liebe, die auf tonloses e ausgehen* [1]*, ja im Chev.
au lyon sind es beinahe nur solche Wörter. Hier steht* sire
f. sires *353, 1661, 1761, 2164, 2400, 5013, 5477, 6346,
6675, 2370, bis auf die letzte Stelle im Reime mit* dire,
salvage f. salvages *2828,* pere f. peres *5362 und sonst nur*
san f. sans *98. Im Innern des Verses habe ich nichts Unrichtiges gefunden. Erec und R. d. l. Ch. sind bei Weitem
nicht so correct; in beiden ist eine verkehrte Nominalflexion
auch im Innern des Verses nicht eben selten. Betrachten wir
zunächst den Erec, so fehlt das flexivische s oder steht überhaupt der Acc. für den Nom. an folgenden Stellen: 1) im
Reime:* emperere *1800, 3687,* pere *1451, 6523, 6848,* sage
4051, pire *4724,* mendre *6797,* grant *2377,* mort *4571,*
deliure *2890,* escharniz *3508,* retornez *6871. 2) im Innern*

---

[1] *Alle die Fälle, wo das s in solchen Wörtern weggefallen
ist, damit das e vor einem folgenden Vocal elidirt werde, bleiben
hier natürlich unberücksichtigt.*

des Verses: gentil *1553,* nul *2644,* pareil *4602,* sutil *5301,* hostel *5404,* descenduz *5504,* quel *5983,* chevalier *5993,* pere *6247,* grant *6588,* le conte *(f.* li cuens*) 1734,* graignor *(f.* graindre*) 4046. — Der R. d. l. Ch. bietet 1) im Reime* foudre *515,* sire *1821,* pere *2064, 2821,* mestre *2265, 3976,* cengle *3599,* pire *5736,* sergenz *2209,* riant *4210,* eschaufe *4878,* forsene *6335,* rien *2814. 2) im Innern des Verses* trois *f.* troi *401, 2255 (vielleicht um den Hiatus zu vermeiden),* chevaliers *2259,* arme *2391,* pont *3021,* tel *4678.*

Mancher dieser irrthümlichen Schreibungen liegt gewiss ein Versehen zu Grunde, da Chrestien doch im Chev. au lyon, wie wir sahen, die Regeln der Flexion streng beobachtet. Verhältnismässig sehr correct verfährt auch der Dichter des R. d. l. V., Gibert de Montreuil. Das flexivische s fehlt bei Wörtern, die auf tonloses e endigen, einige Male im Reime, nämlich 118, 147, 191, 245, 288, ferner häufiger bei Eigennamen s. B. 43, 147, 189, 195, 257, 288, ausserdem steht le roi *f.* li rois *10,* recreant *f.* recreans *101,* gresil *f.* gresils *123,* canchon *f.* canchons *247. Im Innern des Verses kommt kaum ein Fehler vor: auch zugleich gewiss ein Beweis für die Vorzüglichkeit der Handschrift.*

Wie sehr der Reim auf die Flexion des Substantivs und Adjectivs einwirkt, kann kaum ein andres Gedicht so deutlich machen als Fl. et Bl. Während sich in diesem Denkmale, das halb so lang ist als die eben betrachtete Erzählung, im Innern des Verses nur 2 Fehler vorfinden, nämlich castel *f.* castiax *73 und* escrit *f.* escris *558, ist die Zahl der Accusative im Reime auffallend gross, nämlich circa 40. — Noch bei weitem nachlässiger ist Jean Bodel, der Verfasser der Ch. d. S., dem sonst eine gewisse Reinheit des Ausdruckes und Eleganz des Stiles durchaus nicht abzusprechen ist. Ich habe in diesem Gedichte circa 120 Verstösse gegen die Nominalflexion im Reime und nur circa 20 im Innern des Verses gefunden. Man sieht, wie mächtig die Herrschaft des Reimes ist.*

Ein ganz andres Verhältnis zeigt ein Gedicht aus

späterer Zeit, der Atre per. Wie häufig auch in diesem Denkmale — es hat 6674 Zeilen — die Accusativformen im Reime sind (circa 140 Fälle), so ist die Zahl solcher Formen im Innern des Verses auch sehr beträchtlich (circa 40 Fälle). Die alte Nominalflexion war eben, als das Gedicht abgefasst wurde, schon von Grund aus erschüttert. Auch hier kann man aber die Einwirkung des Reimes z. B. daraus ersehen, dass der Name Gavain *als Nominativ im Innern des Verses immer richtig* Gavains *lautet:* Gavain *als Nominativ gebraucht findet sich nur im Reime, nämlich 93, 112, 266, 736, 1967, 3413, 3877, 5619, 6456. Mit dem Verfall der Flexion hängt es auch zusammen, dass Reime, welche früher nicht häufig waren, nun ganz gewöhnlich werden. In der besten Zeit begegnet selten oder nie* chevalier f. chevaliers, *um mit einem Infinitiv auf* ier *zu reimen; im Atre per. aber sehr oft, so 52, 799, 1088, 1411, 1453, 1653, 1667, 1844, 2680, 3040, 3100, 3105, 3514, 3869, 4368, 4915, 5129.*

In welchem Umfange in der Volksdichtung, welche die Regel vom flexivischen s *niemals in ihrer ganzen Strenge gekannt hat, Assonanz und Reim auf die Nominalflexion einwirkte, ist nicht auszumachen, da man ja so häufig nicht wissen kann, was von Richtigem und Unrichtigem hier auf Rechnung des Schreibers zu setzen ist, der, wie schon zu Anfang unserer Betrachtung beiläufig bemerkt wurde, oft, nur um den Versausgang gleich zu machen, je nach Bedürfnis ein* s *wegstrich oder hinzufügte. Nur wenn durch Anfügung des flexivischen* s *die Form eines Wortes sehr verändert wird, kann auch in den assonirenden Gedichten in etwa von einem Einflusse, wie wir ihn eben gesehen haben, die Rede sein. In der Tirade auf* el *Gaufr. 132 würde der Dichter, wenn das Wort nicht im Reime stünde, vielleicht für* le chembel li chembiaus, *für* le castel li castiaus, *für* bel biaus *gesagt haben, ebenso der Dichter des Gui d. Nant. p. 8 für* naturel naturaus, *für* cristal cristaus, *sowie der des Jourd. d. B. 1666 für* donzel donziaus, *1670 für* damoisel damoisiaus *etc. Indessen kann nur dann eine Einwirkung des*

Reimes bestimmt angenommen werden, wenn das Gedicht sonst hinsichtlich der Nominalflexion sich einer gewissen Correctheit befleissigt[1]).

6. Besonders bei Substantiven und Adjectiven mit wandelbarem Accente findet man oft aus metrischen Gründen die Nominativform anstatt der grammatisch richtigen Accusativform, s. B. suer *f.* seror *Cleom. 2061, 2342, 2374, 4103 etc., Atre per. 808, 1666, 1709, 4425, BenTroie 12427, 16118;* ante *f.* antain *BenTroie 171;* lerre *f.* larron *A. et A. 1493;* emperere *f.* empereor *Jourd. d. B. 3552;* traitre *f.* traitor *ib. 800, 949, 3549, Gayd. 224, RMont. 435, 1;* quens *f.* conte *Aye d.'A. 39;* fel *f.* felon *ib. 112, 113, 124, Gayd. 260, Atre per. 1595, 6143;* pire *f.* pejor *Gayd. 292;* maire *f.* major *BenTroie 821, 25135, BenChr. 13302, 21025, 23042, 31080, 35212, 38044, 39434, 39488, 39864, 42090;* mendre *f.* menor *ib. 16632, 23040, 24501, 31150, 35544, 40423, Gayd. 15;* Gui *f,* Guion *Aye d.'A. 100, 125, Gui d. Nant. 24, 25;* Ganes *f.* Ganelon *Aye d.'A. 111, 127;* Aye *f.* Ayen *Aye d.'A. 4, 33, 36;* Marque *f.* Marcon *Jourd. d. B. 1623 etc.* Andere Beispiele sind: rois *f.* roi: cortois *Atre per. 3358, 6194, 6506;* reis: Grezeis *BenTroie 14090;* chadiax *f.* chadel: biax *ib. 22509;* fruiz *f.* fruit *ib. 22864;* ferner *ib. 1813, 3369, 7726, 10742, 17170, 21124, 21580, 26794 etc.;* granz *f.* grant *BenChr. 35857;* laiz e vilains *f.* lait e vilain *ib. 36472;* afeblis *f.* afebli *V. d. S. A. Vierte Redaction p. 375;* sachans *f.* sachant: Carmans *Cleom. 5718* (man darf wohl ändern sachant: Carmant, da Adenes hinsichtlich des flexivischen s nicht sehr correct ist).

7. Von der Wiedergabe der lateinischen und griechischen Flexion der Eigennamen, der bei Diez *(II 48)* Er-

---

[1]) Um annähernd in Erfahrung zu bringen, in welcher Weise die Volksdichtung die Flexion der Substantiva und Adjectiva überhaupt handhabte, thut man gut, zunächst nur die Tiraden mit klingenden Versausgängen in's Auge zu fassen, da die aufbessernde Hand des Schreibers hier naturgemäss nicht so viel Unheil stiften konnte wie in den andern.

wähnung geschieht, macht BenTroie einen umfangreichen Gebrauch. Die lat. und griech. Endungen stehen beinahe ausschliesslich im Reime:

a. *Nominativ:* Peleüs *145, 703, 769, 2347 etc.*, Theseüs *5611, 6853, 7691, 8873, 9031,* Menesteüs *469,* Euneüs *5673,* Tideüs *383, 12347, 12461,* Medea *1263, 1571, 1649 (aber auch* Panthesilee *626),* Minerva *3857,* Diana *4274, daneben* Diane *5939,* Sereines *28706,* Mirmidoneis *560, 17743, 20396, 20509, 20565, 20705, 23849, 23863,* mare Rubrum *23151,* mer Arabicum *23152 etc.*

b. *Genitiv:* Eleni *4007,* Atrei *27172,* Ascalopi *5642,* Dardani *27263 (vgl.* Orphey *Fl. et Bl. 863),* Apollinis *5788, 16599, 21881, 21941, 22046, 22118, 25422, 26005, 27082,* Veneris *10349,* Junonis *16585, 22822 (vgl.* Jovis *Aye d.'A. 100),* Nestoris *20484,* Anthenoris *25152, 25231,* Chironis *29008,* templum Minervae *25278 (vgl.* el temple Jani *Bartsch 110, 34),* Tiberiadis *23148,* Focidis *5603, 8170, 12006.*

c. *Dativ:* Apollini *5815, 25473.*

d. *Accusativ:* Polixenam *464,* Ysionan *3919,* Asternanten *15388, 15446,* Clymestren *(Clytemnestra) 28207.* Sillain, Caridin *28742.*

Geschlechtloses Adjectiv und Particip.

1. Femininformen geschlechtloser Adjectiva finden sich viel häufiger, als man nach dem spärlichen Gebrauche, welchen einige Kunstdichter der besten Zeit, z. B. Chresticn, davon machen, erwarten sollte. Solche Femininformen begegnen

1) in der Assonanz oder im Reime,

2) aus sonstigen metrischen Gründen, d. h. um die Silbenzahl des Verses herzustellen,

3) da, wo unbeschadet der Richtigkeit des Verses auch die geschlechtlose Form stehen könnte, d. h. wenn das folgende Wort mit einem Vocale beginnt und in zehn- und zwölfsilbigen Versen in der Cäsur.

Der erste Fall, dass der Assonanz oder dem Reime zu Liebe eine Femininform gebildet wird, kommt nicht sehr häufig vor. Beispiele sind: grande *Fl. et Bl. 402, 1406,*

Cleom. 6990, 14111, 15395, 15506, 17632, 17779, N. F. et C. I 65, Bartsch 376, 26, Floov. 43, 44, V. d. S. A. p. 169, 260; forte *Fl. et Bl. 1796, Atre per. 718, 4695, 5530, N. F. et C. II 70;* tele *ib. I 296, 413, II 73, 361;* grieve *ib. I 46, 88, V. S. Th. 92.*

Der zweite Fall dagegen, dass eine Femininform gebraucht wird, um der Silbenzahl des Verses zu genügen, findet sich sehr oft. Die Gedichte sind in diesem Punkte ganz verschieden: in einigen begegnen solche Formen selten, in andern häufig. Ich führe sie mit den einzelnen Stellen, wie sie nach ihrer Correctheit ungefähr aufeinander folgen, der Reihe nach an: *Chev. au lyon* preude *(nur in der Verbindung* preude fame*) 784, R. d. l. Ch.* quele *5094, Gui d. Nant.* tele *35, A. et A.* quelle *2160, Ch. d. R.* quele *395,* grande *3003, Erec* tele *1018,* quele *4713*[1]*), R. d. l. V.* tele *60, 287, Jourd. d. B.* itele *1705,* tele *3721,* grande *3894; Atre per.* tele *2729,* grande *1695, 2176; Otin.* tele *66,* quele *44,* grande *45,* fortes *26; G. l. L.* tele *I 236, 238, II 133,* grande *I 95; Gui d. B.* tele itele *17, 36, 102, 126,* quele *31; V. d. S. A. a) zweite Redaction (die erste, ursprüngliche, hat nur* grande *ein Mal in der Assonanz, s. oben)* grande *253, 254,* quele *243; b) dritte Redaction* grande *284, 285,* tele *288, 302, 317; c) vierte Redaction* autelle *350,* itele *366*[2]*); Auberi* quele *17, 28, 50, 27,* tele *19, 13, 177, 3,* grande *25, 31, 88, 29; V. S. Th.* tele itele *26, 57, 103, 121, 131; Ch. d. S.* tele *I 66, 232, II 130,* autretele *I 222,* grande *II 169; R. d. S. G.* tele *32, 1696,* quele *1074, 3513, 3976,* preude *(nur in der Verbindung* p. fame *wie oben Chev. au lyon) 1671; Fl. et Bl.* grandes *2292,* tele *634, 825, 1879, 2203, 2377, Floov.* tele *36,* grande *8, 37, 62, 65; Aye d.'A.* tele *74, 116,* quele *94,* grande *71, 78,*

---

1) *Nach der Conjectur von Bartsch.*

2) *Wenn diese Redaction, wie die Herausgeber annehmen, aus der Mitte des 14. Jahrh. stammt, so muss man sich mit Recht wundern, dass nicht mehr Femininformen geschlechtloser Adjectiva darin vorkommen.*

88, 90, Gayd. tele *33, 50, 121, 277,* quele *257,* grande *226, 228, 257, 270;* R. d. Berte tele *17, 165,* grande *34, 126, 163, 186,* preude *(wie oben Chev. au lyon, R. d. S. G.) 28, 157, 163, 169, 175.* Es folgen *Gaufr., Doon d. M., Cleom., N. F. et C., Huon d. B., RMont.* Unter diesen haben *Gaufr., Cleom., N. F. et C.* besonders tele, die übrigen grande unverhältnismässig oft. *Huon d. B.* bringt allein grande ungefähr 40 Mal und nur 3 Mal tele.

Wie ist es zu beurtheilen, dass auch der dritte Fall durchaus nicht selten begegnet? Da diese Eigenthümlichkeit auch oft in Denkmälern erscheint, die von zu kundiger Hand herausgegeben sind, als dass sie an den einzelnen Stellen aus einer mangelhaften Kenntnis des altfranzösischen Sprachgebrauches hergeleitet werden könnte, so bleibt nichts Anderes übrig, als sie auf eine misbräuchliche Schreibweise der Alten selbst zurückzuführen, die schwerlich grossen Anstoss erregte, da sie auch bei den besten Dichtern hin und wieder wahrgenommen wird. Die Gedichte selbst mögen dies näher zeigen: *V. d. S. A.,* vierte Redaction tele amour *p. 358;* Erec quele auenture *4468;* R. d. l. V. tele esmeraude *44;* R. d. Berte tele aventure *77;* Otin. laquele estes *12;* R. d. S. G. tele ordure *2384;* A. et A. tele hore *605, 675,* tele anvie *3357;* Gui. d. B. quele aventure *123;* quele eise *4003;* Auberi tele amiste *4, 8,* tele est *154, 6;* Jourd. d. B. tele honor *4104,* telle an *949,* telle antree *4239;* G. l. L. verde *I 85, 93, 97* (Cäsur), forte *II 199* (C.); Aye d.'A quele ele *54,* quele aventure *94,* tele est *114,* tele ost *116;* Gui d. Nant. tele en *14, 46,* quele aventure *4, 46,* forte et *33;* R. d. l. Ch. quele ore *706,* quele enor *1117,* tele ire *7081;* Fl. et Bl. tele amor *293, 2725,* tele odour *623,* tele u *2259;* Ch. d. R. quele irat *927,* forte e *1460, 3321,* grandes (C.) *3656;* Chev. au lyon tele envaie *507,* quele essoine *2211,* tele hore *3114, 3939, 3994,* tele aie *4356*[1]). Es folgen

---

[1] Auffallend, dass in diesem sprachlich sonst so reinen Gedichte dieser dritte Fall verhältnismässig so oft begegnet, und die unter 1 und 2 berührten so gut wie gar nicht.

Gayd., Attre per., Gaufr., Huon d. B., Cleom., Doon d. M., N. F. et C. Überall kommt besonders tele *so vor*. Eine Verbesserung, weil durch das e der Vers zu lang wird, muss eintreten R. *d. Berte 8, wo* grande *in* grant, *Otin. 67, N. F. et C. I 121, wo* tele *in* tel *verändert werden muss. Benoit's beide umfangreichen Werke mögen für sich betrachtet werden, weil man sich hier überzeugen kann, wie nur in Folge irrthümlicher Ansicht von Seiten der Herausgeber gar Manches zu Tage gefördert wird, was nie der Dichter gesagt haben kann. Anlangend zunächst die Chronique, so finden sich Femininformen 1) im Reime* grande *I 1933,* forte *21113; 2) im Innern des Verses aus metrischen Gründen:* quelles *6894,* tele *8291, 16942,* grande *10306,* crueles *II 2125,* forte *19256, 19258; 3) da, wo unbeschadet der Richtigkeit des Verses auch die geschlechtlose Form stehen könnte: I 1025, 2780, 3570, 6371, 7908, 10130, 11524, 13147, 13313, 14542, 15890, 16609, 24301, 32399, 36113. An allen andern Stellen, wo* quele, tele, forte *etc. steht, muss das e gestrichen werden: II 1941, 3485, 3717, 3725, 3892, 4341, 4903, 6891, 6893, 7003, 7007, 7600, 7870, 7909, 13076, 15734, 16959, 18838, 19701, 20330, 20526, 25191, 27542, 31857, 32902, 34486, 38376. — Auch beim Roman d. Troie ist die Zuverlässigkeit des Herausgebers einigermassen in Zweifel zu ziehen, da die unter 1. und 2. berührten Fälle nur sehr selten vorkommen, der unter 3. erörterte dagegen unverhältnismässig oft. Indessen haben wir dieselbe Erscheinung ja auch im Chev. au lyon constatiren können.*

2. *Particip und adjectivisch gebrauchtes Particip auf* ent ant. *Es giebt im Altfr. nur ein einziges Particip dieser Endung, welches nicht geschlechtlos ist, also eine Femininform hat, nämlich* dolent, *das, auf ein Femin. bezogen, immer* dolente, *nicht* dolent *lautet. Alle übrigen Participia dieser Endung sind geschlechtlos. Aus metrischen Gründen schrieb man indessen namentlich häufig* sanglente, *und zwar begegnet diese Form in allen drei beim Adjectiv unterschiedenen Stellungen, welche wir der Abkürzung wegen mit* a, b, c *bezeichnen*

wollen: *a)* R. d. l. Ch. 4824; Ch. d. S. I 66, 239; Ch. d. R. 1399, 1586, 1785, 3921; Auberi 213, 22; BenTroie 11330, 12160; BenChr. 2259, 3745, 5370, 5993. *b)* Doon d. M. 233, 295; Gayd. 202; BenChr. 5881, 11316. *c)* G. l. L. I 32, 266, II 125; Gui d. Nant. 57, 87; BenChr. 19910. — Femininformen andrer Participia sind: *a)* sachance (*f.* sachante) Doon d. M. 2; pesante BenTroie 10791, 18701, Bartsch 403, 28; pullente R. d. Berte 17, 115, 129, 181; Auberi 213, 28; manente V. d. S. A., dritte Red. p. 314; sullente R. d. Berte 17; vaillante BenChr. 3123; combatante ib. 4817; merveillante ib. 9020; vivante ib. 25536; joiante Aye d.'A. 54. *b)* pesante RMont. 410, 3, BenTroie 15163, 16181; pullantes BenChr. 39161; vaillante Otin. 4; vivante BenTroie 21724; trenchantes ib. 19316, RMont. 171, 22. *c)* pesante BenChr. 27562, BenTroie 8112, 16179; vaillante BenChr. 5090, 16980, 27078; trenchante BenTroie 7146, 7226, 8484, 8654, 18734, 22712, 26506, BenChr. II 1264, 18691; seante ib. 31345; mescreante Doon d. M. 301. — BenChr. bringt etliche Male 2 Femininformen im Reime, wie vaillante: conquerante II 1803 vgl. ib. 7708, 8084, 9518, 17193, 19220, 31300, 41839, *und auch* Ben Troie *hat* corantes: sanglantes *12676.* *Wenn diese Schreibungen in den Handschriften wirklich stehen, so kommen sie auf Rechnung der Copisten. Gestrichen muss das* e *werden, weil sonst der Vers zu lang ist,* BenChr. 34420, 38376, 40968.

Die Regel, dass das Particip Präs. auf ent ant *nach richtigem altfr. Sprachgebrauche geschlechtlos ist, vermag selbst die auffallende Erscheinung nicht zu entkräften, dass die LRois dieses Particip gradezu nur in der geschlechtigen Form bieten*: mescreantes *2, 295, 396,* decevantes *41,* departante *93,* charolantes e juantes e chantantes *70,* criante e plurante *164,* avenante, aparisante *247,* luisante *248,* malfaisantes *278,* portante *410,* vaillantes *433. Entweder der Schreiber oder der Herausgeber hat hier gesündigt. Die grosse Menge von Femininformen geschlechtloser Adjectiva,* *die wir sonst in diesem Denkmale finden (*tele *s. B. 27, 31, 117, 169, 204, 241,* quele *13, 27, 35, 110,* grande *15, 18, 93, 107, 238,* forte *126,* reale *397,* grieve *19,* lcale *144,* morteles *350) spricht auf den ersten Blick freilich dagegen und könnte zur Annahme führen, die obigen Formen hätten von Anfang an bestanden. Wenn wir aber in demselben Denkmale lesen p. 23:* Li poples fist grant plainte e plur, plur co que Deus out fait tele venjance sur sun pople, *ferner ib. 52:* Tuz les jurs Saul fud la bataille fort e fiere entre les Philistiens e Saul; kar il eslist par tut les bons champiuns e la forte bachelerie; *pag. 241:* E Deu li dunad tele grace, que il neis encuntre deables tel chose truvad ki *etc.; pag. 266:* kar li altre altels de araim que Moyses out fait, ert petiz a tanz granz sacrifises e a teles oblatiuns, *und gleich darauf:* Grand fud la feste, — *so wird es klar, dass derselbe Verfasser unmöglich unter denselben grammatischen Bedingungen* grant *und* tele, fort *und* forte, tele *und* tel, teles *und* grant *hat schreiben können, die Nachlässigkeit somit dem Schreiber oder dem Herausgeber zur Last gelegt werden muss. Noch ein Grund spricht dagegen, dass zur Zeit, als die LRois entstanden, Formen wie* tele, forte, grande *etc. populär gewesen seien, der nämlich, dass weder die Passion noch Leodegar solche Formen kennt, und das der Zeit am nächsten liegende Alexiuslied von ihnen auch nur ein Mal Gebrauch macht (s. V. d. S. A. p. 169).*

Pronomen.

1. Die diphthongirte Form gie, *die Fallot (239) und Burguy (I 122) nur aus lothringschen Urkunden belegen, erscheint auch in Gedichten anderer Mundarten nicht selten im Reime:* Chev. au lyon *260, 1771, 2613, 3843, 5456,* Erec *915, 1141, 2743, 2906, 2964, 3420, 3988,* R. d. l. Ch. *1117, 1569, 1583, 2181, 2988, 6366, 6920,* R. d. l. V. *117, 278,* N. F. et C. *I 12,* Gaufr. *103 (f.* je des Textes*). — Dem Reime* Jhesu *zu Liebe steht* R. d. S. G. *1347* ju.

2. Namentlich in der Volksdichtung trifft man in der

Assonans oder im Reime sehr oft die burgundischen Formen mi, ti[1]). *Dieser Gebrauch ist eine ächte poetische Licenz, denn im Innern des Verses findet man nur* moi, toi. *Folgende Gedichte kommen hier in Betracht:* Gaufr. mi *176 (die zweite Zeile darauf im Innern des Verses* moi*), 177,* (souviengne toi de mi); Doon d. M. mi *168;* Gui d. B. mi *23, 28, 85, 86, 87, 97, 103, 117;* Gui d. Nant. mi *11;* Gayd. mi *97, 105, 152, 177, 186, 198, 232,* ti *51; G. l. L.* mi *I 30, 44, 54, 56, 57, 63, 67, 69, 70 etc., ferner II 236 (zwei Zeilen vorher im Innern des Verses* moi*), 255 (in der nächsten Zeile im I. d. V.* moi*),* ti *I 4* (Aiez pitie et de moi et de ti) *55, 144, 187, 189, 207 (eine Zeile vorher im I. d. V.* moi*), 209 (zwei Zeilen weiter im I. d. V.* moi*), II 2, 40, 56, 61, 99, 145* (ou de moi ou de ti) *151, 200 (eine Zeile weiter im I. d. V.* moi*) etc.;* RMont. mi *158, 27, 358, 5, 364, 33, 383, 6, 11, 395, 3, 442, 27, 446, 20;* ti *446, 22;* Huon d. B. mi *20 ff., 42, 49, 50, 63 ff.,* ti *26, 29, 43, 47, 62, 65, 67; R. d. Berte* mi *2, 97, 160, 171,* ti *121 (in derselben Zeile im I. d. V.* toi*); V. d. S. A.* mi*, vierte Redaction p. 375;* Auberi mi *54, 11, 13, 66, 20, 31, 33, 172, 23, 198, 31, 199, 26, 200, 9;* ti *54, 1, 122, 27* (moi et ti)*, 123, 8;* Jourd. d. B. ti *699; R. d. l. V.* mi: ami *187; N. F. et C.* mi: ami *I 115, II 109,* : endormi *I 295; W. A. L.* mi *p. 9, 54;* Cleom. mi *9434, 10535* (de mi a ti, *weil das besser lautet als* de moi a ti? *Das einzige mir vorgekommene Beispiel in einem nicht burgundischen Gedichte, wo* mi *im Innern des Verses steht).*

3. *Mit Recht nennt Fallot (250) die Form* el *für* ele (illa) *eine poetische Licenz, denn da, wo sie stehen könnte, ohne der Richtigkeit des Verses Abbruch zu thun, d. h. vor einem Vocale oder in der Cäsur, findet man* ele.

4. *Im Anschluss an Abkürzungen und Zusammenschmelzungen wie* jel = je le, nel = nel, jes = je les, nes = ne les *etc. mögen einige weitere Contractionen hier er-*

---

1) *Für* si *steht mir kaum ein Beispiel dieser Art zu Gebote; etwa* Auberi *54, 6.*

wähnt werden. Das i *von* qui *wird sehr oft 'elidirt; man findet* qu'ait *RMont. 250, 13;* qu'antor *Chev. au lyon 445;* qu'aportee fu *Erec 2398;* qu'avient *Otin.* 2; qu'a *Auberi 109, 25,* BenChr. *2954, 24337, 31367,* Gaufr. *35,* Erec. *6133,* N. F. et C. *I 399,* Jourd. d. B. *737,* R. d. l. V. *5992;* qu'el *Doon d. M. 325;* qu'en *Auberi 196, 21,* Ch. d. R. *2575,* R. d. *Berte 107,* G. l. L. *II 43,* Aye d.'A. *90, Doon d. M. 218, Floov. 75,* R. d. l. Ch. *4266;* qu'encor *Auberi 26, 21;* qu'eslongne *G. l. L. II 98;* qu'est *Auberi 21, 26, 66, 27, 88, 4, 89, 18, 109, 30, 244, 19,* Jourd. d. B. *191, 1854, 3365,* Ch. d. S. *I 118, II 74, 82, 174, 175, 181,* R. d. l. V. *22, 155,* N. F. et C. *I 390,* RMont. *6, 30, 30, 30, 259, 21, 265, 31, 445, 20,* V. d. S. A. p. *256, 295 etc.;* qu'i *Auberi 162, 2;* qu'iere *Jourd. d. B. 2497;* qu'iert *Gayd. 260, Auberi 190, 29;* qu'o *R. d. S. G. 3270;* qu'ont *Gayd. 220;* qu'ot *A. et A. 2505, 2636, 3184, G. l. L. II 242. — Auffallend oft ist in Huon d. B. die Elision des* u *in* tu: t'as *23, 103, 104, 111, 153, 160,* t'aras *162,* t'aseuras *39,* t'en *106,* t'es *150, 153, 162, 168, 172 (auch Bartsch 121, 32),* t'ieres *165,* t'i *110, 137, 200. — Schreibungen wie* ou'st = ou est *Jourd. d. B. 379,* v'estes = vous estes *Aye d.'A. 12 sind vielleicht auf Verderbnis der betreffenden Stellen zurückzuführen.* Lau = la ou, *das auch sonst vorzukommen scheint, findet sich im R. d. S. G. allein 11 Mal.*

II. *Conjugation.*

Personalflexion. — 1) Bei der 1 Plur. ist zu bemerken, dass auch Gedichte, die sonst nur ons *und* iens *und daneben seltener* omes *und* iemes *haben, bisweilen des Reimes wegen on gebrauchen, z.`B. Ch. d. S., Fl. et Bl., Auberi. Umgekehrt begegnet* ons *in normannischen Gedichten, in denen sonst* om *um* on *wechseln, im Reime, z. B. in Benoit's beiden Werken. — 2) Die Endung der 2 Plur.* ois oiz *ist, wie auch Diez anmerkt, im Präs. Ind. und Conj. seltener als im Fut. Man kann aber noch weiter gehen und behaupten, dass, wo sich diese Endung in den beiden letztge-*

nannten Temporibus findet, sie in den allermeisten Fällen lediglich durch die Assonanz oder den Reim hervorgerufen ist. Im Fut. dagegen ist ois, das z. B. in Chrestien's Gedichten beinahe ausschliesslich herrscht, ziemlich gewöhnlich. Die nähere Betrachtung der Gedichte, unter welchen mehrere sind, die ois überhaupt nur ein oder zwei Mal bieten, wird das zeigen:

Gaufr. — *Präs. Ind.*: Que par Mahon mon Dieu, se Doon ne vaincois *264*. *Futur auf* ois *im Reime 207 (17 Mal), 264 (9 Mal), sonst auch in letzterem Tempus immer* es.

Otin. — *Futur auf* ois *in der Assonanz* ferois, vengerois *70; im Innern des Verses immer* es.

Floov. — *Präs. Conj.*: Ne lou penserai mais, or le me pardonoiz *15*; Mes gardez vos tres bien que plus ne lou pansoiz *15*; *Futur bald* ez, *bald* oiz.

Aye d.'A. — *Präs. Ind.* entendois *23*, *Präs. Conj.* prenois, sachois, entendois *23*, gardois *69*, desiretois *81*, *sämmtlich in der Assonanz*; *Futur* es *und* ois, *ersteres ungleich häufiger.*

Gayd. — *Präs. Ind.* mentois *24*, devois *257*; *Präs. Conj.* fasois *16*, soioiz *24*, partoiz, prenois *29*, sachoiz *257*, *sämmtlich in der Assonanz*; *Futur* es *und* ois, *letzteres aber meist auch nur in der Assonanz.*

Ch. d. S. — *Präs. Conj.* ois *im Reime I 105*; *Futur* ez *und* oiz, *oft beide Endungen ganz nahe bei einander, z. B. I 38, 200, II 2.*

R. d. Berte. — *Präs. Conj.* sachois *86 und Futur* aurois *87, beide im Reime, sonst auch in letzterem Tempus nur* es.

Auberi. — *Präs. Conj.* sachois *im Reime 27, 18, 121, 1, 32 (für* saichies *des Textes); aber im Innern des Verses steht* sachies *27, 12, 29, 29, 13, 34, 8, 91, 14, 109, 6, 115, 2, 117, 3, 22 etc. Futur* es *und* ois.

RMont. — *Präs. Ind.* Mal dahait hui ma barbe, se vous vis m'estordois *256, 32*; Prendes toute vo terre, se vos le comendois *262, 14*; *Präs. Conj.* rendois *163, 30*, pandissois *256, 35, ferner 347, 24*: Baron, dist il, oez, raisons est et s'est drois, Que vos sacies trestuit ainz que vos en

issoiz *etc. Das letzte Beispiel zeigt deutlich, dass die Endung* oiz *nur dem Reime zu Liebe in diesem Tempus steht. Wie hier begegnet auch sonst ebenso wie im Auberi immer* sacies *3,9, 4,3, 9,9, 38,17, 44,7, 67,4 etc.; nur 330,18 hat sich* sacois *auch in das Innere des Verses hinein verirrt. Futur es und* ois, *erstere Endung bei Weitem häufiger.*

R. d. l. V. — *Nur ein Mal im Futur* ois, *nämlich* orrois *im Reime mit* conrois *41, sonst immer es.*

Fl. et Bl. — *Präs. Conj.* ociois: drois *2958; Präs. Conj. und Futur:* Sire, fait il, ains que viegnois En Babilone, trouverois Un flum *etc. 1553. Sonst wie R. d. l. V.*

Erec. — *Präs. Conj.* parloiz: droiz *168; Futur* oiz, *nur 3980 steht* aurez *im Reime mit* naurez *und 5565* serez.

R. d. l. Ch. — *Präs. Conj.* facoiz: foiz *6750, Futur* oiz.

Atre per. — *Präs. Conj.* creantois *1809,* dounois *4259, beide im Reime mit* drois; *Futur wie Auberi, aber es ist häufiger.*

Jourd. d. B. — *Präs. Conj.* veignois *1467; Futur wie Auberi.*

Im Innern des Verses fand ich ois *als Endung des Präs. Conj. nur Ch. d. S. II 28* cuidoiz; *Gui d. B.* recevois *93,* rendois *103; Jourd. d. B.* tenois *152; Atre per.* rendois *5959, 5966,* laississois *6097.*

Hülfsverba. Avoir. *Es hat keinen Sinn, wenn Burguy (I 250[1]) die längeren Formen des Futur und Condit.* averai, averoie *der normannischen Mundart zuweist; man findet sie mehr oder minder häufig auch anderswo, dagegen z. B. in der normannischen Chronique des Benoit selten oder gar nicht.* Averai, averoie *war gemächlicher auszusprechen oder fügte sich oft bequemer in den Vers als* aurai avrai arai.

Estre. *Die Futurform* estrai *ist selten, aber* esterai *etc. häufig z. B. Auberi 135, 21; RMont. 50, 21, 64, 28, 76, 25, 183, 3; Aye d.'A. 35, 21; R. d. S. G. 3402; Gaufr. 254; Doon d. M. 47, 48, 63, 109, 120, 129; V. d. S. A. p. 239, 240 etc.*

---

[1] *Vgl. auch II 120.*

I. Conjugation. Präs. Ind. Die 1 Sing. hat häufig rein aus metrischen Gründen ein e auch da, wo es der Regel nach sonst nicht steht¹). Auch hier lassen sich, wie beim Adjectiv, 3 Fälle unterscheiden:

1) *Das e ist der Assonanz oder dem Reime zu Liebe angefügt:* Gaufr. prie *61,* deprie *200,* encline *111,* otrie *139, 155, 315;* Doon d. M. affie *138;* Gui d. B. desire *97;* Otin. otrie, affie *23,* prie *45;* Floov. demande *44;* Huon d. B. derve *78;* Aye d.'A. apreste *61,* desire *97,* prie *112, 113, 125,* otrie *113;* Ch. d. S. tesmoigne *I 72,* afie *II 160;* R. d. Berte prise *47,* desire *119;* RMont. devine *347, 1,* demore *395, 28,* prie *403, 20;* V. d. S. A. otroie *p. 355;* N. F. et C. devise *I 94,* conte *I 126, II 136,* loe *I 188,* conseille *II 310;* R. d. l. V. endure *22,* escoute *26,* cose *68,* fie *87,* afole *111, 150, 194,* radote *154,* apreste *299;* R. d. S. G. conte *11,* ose *336, 3255,* commande *416;* R. d. l. Ch. voille *6554,* andure *6960;* Atre per. ose *5646;* Cleom. prie *3214, 11000,* proie *4860, 17721,* otroie *6424,* jue *7354,* devise *7823, 17877,* conte *8256.*

2) *Fast ebenso häufig steht das e, um der Silbenzahl des Verses Genüge zu leisten:* Gaufr. dote *9,* desire *68,* demeure *72,* aime *205, 278;* Doon d. M. prise *6,* recule *72,* porte *81,* convoite *193;* Gui d. B. prise *19;* Floov.

---

1) *Beispiele, wo das e aus euphonischen Gründen bleiben muss, sind:* arrache Gui d. B. *58,* cevauce Huon d. B. *232,* reprouche N. F. et C. *I 319,* charge *ib. II 163,* Auberi *247, 30,* BenChr. *18124,* blasme R. d. l. V. *68,* RMont. *396, 25,* BenChr. *II 1969,* R. d. l. Ch. *6511,* esme BenChr. *22223,* aresne Erec *2757,* raplege Gayd. *205,* entre Huon d. B. *158,* livre, delivre BenChr. *I 1573, 2932, 12347,* ofre R. d. l. Ch. *945, 3341,* suefre R. d. Berte *119,* R. d. l. Ch. *6960,* W. A. L. *p. 82.* — *Auch von* venger *heisst die Sing. nicht* veng, *sondern* venge, *z. B.* venc Auberi *182, 16,* Gaufr. *104,* Otin. *71.* N. F. et C. *I 210; aber in den Verben auf* gner *fällt das e ab:* gaaing Gayd. *6,* desdaing N. F. et C. *II 112,* aloing Atre per. *2692,* essoing *ib. 3882. In* tiesmon R. d. l. V. *53 ist auch das g abgefallen: es müsste* tiesmoign *heissen.*

dote *9;* Huon d. B. proie *99,* asaie *114,* doute *158,* aime *202, 229, 309;* Aye d.'A. descorpe¹) *22,* acorde *125;* R. d. Berte pleure *70,* aime *99,* ose *119;* RMont. nome *143, 17,* paraime *419, 15;* N. F. et C. aime I *88,* giete II *113,* loe (loe — je *mit ganz moderner Betonung des sonst tonlosen* e) II *282;* R. d. S. G. ose *929;* Cleom. ose *11188,* merveille *13787,* mercie *14288;* BenTroie dote *869,* pense *13647,* ose *21301;* BenChr. achieve *12605;* A. et A. aimme *628;* G. l. L. presente II *31,* lieve *32,* aimme *106.*

3) Endlich findet man das e auch da, wo es unbeschadet der Richtigkeit des Verses abfallen könnte: Gaufr. doute *97, 296,* fie *139,* ose *181,* otroie *261,* prise *265;* Doon d. M. fie *96,* demande (Cäsur) *213;* Otin. prise *3, 55, 59,* prie (C.) *5;* Huon d. B. aimme *3, 310,* jure (C.) *49,* desire (C.) *148,* fie (C.) *192,* souhaide (C.) *198, 199, 301, 308,* sonne *201,* passe (C.) *206,* doute *212,* repaire (C.) *270;* Aye d.'A. acorde (C.) *25,* emporte *77;* Gayd. eschape *28, 218;* Ch. d. S. prie I *131;* RMont. otroie *109, 24* (C.); *113, 9* (C.), prise *422, 3;* loe *455, 7;* G. l. L. aime I *145, 285,* proie I *208,* otroie I *9, 21, 234, 287,* II *22, 180,* seure I *70,* jure I *83,* enveie *99,* prise *217, 237,* II *154,* prie II *120,* claime *125,* aconte *148,* repaire *230,* gaaigne *233;* Auberi ose (C.) *54, 29,* prise *102, 4, 182, 16, 207, 3,* baise (C.) *154, 9,* eschape (C.) *181, 9;* V. d. S. A. regarde (C.) p. *374.*

An einigen Stellen muss das e gestrichen werden, weil sonst der Vers zu lang ist: refuse Otin. *23,* otroie Gui d. Nant. *94,* loe Ch. d. S. I *55,* prie V. d. S. A. p. *379 muss* refus, otroi, lo, pri *heissen.*

Präs. Conj. In der 1 Sing. fällt das e aus metrischen Gründen nicht selten ab. Dies merkt auch Burguy (I 238) an, ohne aber Belege zu bringen. Beispiele sind: Mais n'ai pooir que ie l'ament, *Erec 508;* Ne ie tant hardie ne sui, Que ie os regarder uers lui, *ib. 2777;* N'est mie drois que

---
1) descorp *könnte wenigstens ebenso gut stehen wie* eschap, gap (v. gaber) *u. a.*

ie l'en main, *ib. 4056;* Ne lairai que tout ne vous die Et ne vous cont ma maladie, *R. d. l. V. 22;* Et cîl respont: Ja ne m'iert paine Que tot le voir ne vos en cont, *R. d. l. Ch. 1964;* Ja Deu ne place qui g'i mont, *ib. 2766;* Sui prez c'orandroit me deport, *ib. 3396;* Dame, se vos peor avez, Que je trestot apres l'estor An vostre prison ne retor, *ib. 5468;* Amis, dist Gavains, ains que j'ost Mes armes, di moi verite, *Atre per. 1920;* Je n'iere tant fole provee, Fait ele, que je par mon gre Ceste parole si vous gre, *ib. 3968;* Faites tant que je vous merci, *ib. 5705;* Naincor nest pais si grans mes herdemens, Ke ie li oz dire les mals ke trais, *W. A. L. p. 42, und auf derselben Seite:* Ke tant la dout et desir kant giseux, Ke ne li oz descourir ma raixon; Bien m'est mestier que me confort, *N. F. et C. II 40;* Un anel d'or ot en son doit, Petit que par amors amoit, Si dist: il covient que je l'ost, *ib. 296;* Mais ne me sui or pas empris Cum si faites choses devis, *BenChr. I 177;* Ne sai que plus vos i devis, *ib. II 815, 2030, 33293;* Ainz que departe ne devis, *ib. 6961;* Je ne voil mie que por tei M'esloing de lui ne il de mei, *ib. 11768;* Sos ciel n'est rien que tant desir, *ib. 14100;* Eissi le me fait ostagier Que j'a ce faire li aju, *ib. 14581;* Kar je ne sai pas ne ne vei Cum j'eschap vis de tautes genz, *ib. 16623;* Ci ne voil or plus avant dire Que ne m'esloing de ma matire, *ib. 36490;* N'est dreiz que lui vos en obli, *ib. 36703;* Ne se que plus vos en devis, *BenTroie 11814, 21007, 21064, 22018, 29550;* Ne sui mie por co venuz Que m'en retor com esperduz, *ib. 1377;* Quant velt amors qu'a vos m'otrei, *ib. 13655;* Se la folie avez songiee Si la me venez reconter Et chalongier et deveer Qu'armes ne port ne ne m'en isse, *ib. 15256;* Ne voille Dex que ja m'avienge Que por ico dot mort ne crienge, *ib. 15273;* Or si volez que je m'accort, *ib. 24553;* Se truis Rollant, ne lerrai que nel mat, *Ch. d. R. 893;* Jamais n'ert jur que ne plur ne m'en pleigne, *ib. 2915;* Der Borgignon est drois que ie uos chant, *Auberi 46, 24;* De ceuls lassus est drois je vos apel, *Gayd. 136*; D'ore en avant sui prest que vostre enseigne port, *Aye d.'A. 51*; Il n'a sous chiel puchele, tant soit blanche ne bise, Que je miex aim de vous ne fache son servise, *Gui d. Nant. 18*; Car n'ai cuer ne corage que je a lui m'accort, *Ch. d. S. I 92*; Car li hauberz n'iert ja de si tres bone maille, Ne li bot mon espie tres par mi la coraille, *ib. II 9*; Or nel lairoie por tout l'or de Baudas Que ne voz cop la teste *Jourd. d. B. 884*.

Bisweilen fällt auch in der zweiten Person Sing. das e aus: Par moi que ci an present voiz, Te mande que tu li envoiz *(ergänze* le, *nämlich den Ring), für* envoies, *Chev. au lyon 2771*; Por ce ne doiz tu pas lessier Que tu ne meinz une partie *f.* meines, *Erec 2692*; Se chrestiens veus devenir Et tu li voilles pais tenir Si que li porz amor e fei, *f.* portes *BenChr. 6297;* Mis parrastre est, ne voeill que mot en suns *f.* sunes *Ch. d. R. 1027*.

Imperfect. Einige Gedichte gebrauchen hier und da in der Assonanz oder im Reime ot für oit, *so Aye d.'A.* arrivot, achetot, estot *46*, amot *51*, menjot, alot, aprestot *76*, fiot *104*; *Jourd. d. B.* alot *(f. aloit des Textes) 255*, ammot *258* [1]); *Atre per.* portot *1521, 3599*, errot *1636*, demenot *2611*, amot *3777*, alot (*f.* aloit *des Textes*) *5450*; *N. F. et C.* portot *I 105*, laidenjot *122*, purpensot *157*, menot *II 380*, *R. d. l. Ch.* celot *6382, 6832*, chancelot *6638 (alle 3 Mal im Reime mit* Lancelot); *Bartsch* governot *267, 27 (eben vorher* governoit*)*, escoutot *309, 10*.

Einzelne Verba. 1) Aler. *Burguy's Behauptung (I 283), dass* voise *als 3 Sing. Präs. Conj. fast nur im Reime vorkomme, ist richtig. Fernere Beispiele, sämmtlich im Reime, sind:* Chev. au lyon *1061*, Erec *5653*, *N. F. et C. I 93, 141, 332, II 89, R. d. Berte 88. Im Innern des Verses fand ich* voise *Auberi 45, 10, Doon d. M. 150.* — *2)* Arester. *Das*

---

1) „*An die ältere und normannische Flexionsform auf* ot, out *ist hier nicht zu denken*", *merkt Hofmann mit Recht an.* Ammot *steht eben nur der Assonanz halber für* ammoit.

Particip arestu, aresteu *habe ich nur in der Assonanz oder im Reime angetroffen, im Innern des Verses aber immer* areste, *während die 3 Sing. Perf.* arestut *auch unabhängig davon begegnet, z. B. RMont. 121, 36, Atre per. 5796, Ch. d. S. I 140, 145. Aber auch hier ist* aresta *viel häufiger, und* aresturent *scheint kaum belegt werden zu können, ebenso wenig* arestui. *Dass das Particip* arestu *nur so exceptionell im Reime erscheint und sonst nicht, wird daran liegen, dass es hier keine Stütze an dem einfachen Verbum fand, da ja ein Part.* estu *nicht vorkommt.* Arestu aresteu *in der Assonanz oder im Reime steht z. B. Gaufr. 253; Gui d. Nant. 3, 21, 73; N. F. et C. I 98, 159, 194, 226; RMont. 42, 7, 84, 19; Auberi 84, 9, 165, 6, 221, 8, 222, 17; R. d. Berte 39; Ch. d. S. II 31, 57, 106, 162, 181; Gayd. 148, 206, 290, 294. Im Innern des Verses aber gebrauchte man* areste: *Gaufr. 128, 227, 279; Gui d. Nant. 47; N. F. et C. I 15, II 425; RMont. 58, 26, 457, 14; Auberi 178, 7; R. d. Berte 34, 43; Ch. d. S. II 46; Gayd. 119.*

II. Conjugation. 1. Im Perf. begegnet nicht selten die Endung ie. *Da sie sich auch in Prosa, wenigstens etliche Male im Lib. psalm. vorfindet, so könnte man versucht sein, sie dem normannischen Dialecte zuzuweisen. Dem widersprechen aber andere normannische Denkmäler: sowohl Ben Troie als auch V. S. Th. und Ch. d. R. ist sie selten (Otin., ebenfalls normannisch, hat sogar nur* i) *und erscheint nur in der Assonanz oder im Reime, so Ben Troie* pendie *26773, V. S. Th.* respundie *112, 141, 142,* entendie *132 (aber im Innern des Verses* respundi *51, 52, 115, 139, 142 etc.,* entendi *47, 131,* descendi *131, 159,* atendi *145,* combati *92); Ch. d. R.* abatiet *1317,* respundiet *2411,* perdiet *2795 (aber im Innern des Verses* respundit *1759,* cumbatit *2778,* perdit *1408,* rendit *1406,* tendit *2224,* derumpit *3466 etc.). Nur BenChr. weist nicht nur im Reime, wie* 21611 abatierent, *29358* respondie, *41387* perdie, *sondern auch unabhängig davon* ie *auf:* perdie *II 548,* desrompie *5393,* pendie *9733,* respondie *22949, 23268,* fondie *39307. — In Gedichten*

anderer Mundart steht ie *in der Assonanz oder im Reime:*
Gui d. Nant. respondie *28, 38 (aber im Innern des Verses* respondi *14, 30, 39, 68, 94, 130,* entendi *28, 34, 49, 68,* descendi *29, 38, 121, 127,* vendi *36, 123 etc.); Floov.* respondie *5, 6,* perdie *10,* descendie *13 (aber im Innern des Verses* respondi *4, 31, 53, 56, 67,* perdi *24, 25, 41,* entendi *4, 24, 28, 33, 40, 46,* vandi *22,* pandi *31,* abati *76,* randi *35, 37 etc.); Aye d.'A.* respondie *5, 56,* abatie *31,* perdie *56 (aber im Innern des Verses* respondi *47, 64, 77, 90, 98, 109, 126,* abati *61,* bati, combati *97,* perdi *79 etc.); RMont.* espandie *51, 24,* entendie *167, 25,* combatie *211, 5 (aber im Innern des Verses* espandi *423, 8,* respondi *10, 3, 48, 1,* combati *15, 35, 255, 19,* entendi *13, 36, 22, 20 etc.); A. et A.* respondie *2346, 2720 (aber im Innern des Verses* randi *52,* entendi *161, 1189, 1675,* descendi *319,* perdi *437 etc.); Jourd. d. B.* descendie *41,* abatie *1925 (aber im Innern des Verses* abati *1085, 1093, 1668,* entendi *1489,* tendi *1511 etc.); G. l. L.* atendie *II 226 (aber im Innern des Verses* atandi *I 23, 178,* combati *I 35,* abati *131, II 176, 187 etc.); Gayd.* pandie *6,* entendie *6,* respondie *6, 8, 52,* fandie *8 (aber im Innern des Verses* descendi *6, 47,* vendi *35, 161,* entendi *189, 218,* respondi *258,* fandi *98, 248 etc.)*[1].

III. *Conjugation. Einzelne Verba.* 1) *von* vestir *und Compos. findet man ein Part. Perf.* vesti *und* vestu. *Diese beiden Formen werden aber nicht, wie es auf den ersten Blick erscheint, ohne Unterschied irgend welcher Art neben einander gebraucht, vielmehr kommt das Part. auf* u *nicht allein viel häufiger vor als das auf* i, *sondern letzteres begegnet beinahe nur in der Assonanz oder im Reime. Die nachfolgende Vergleichung wird die Sache über allen Zweifel erheben:*

a) *Das Particip auf* i *in der Assonanz oder im Reime: Cleom. 6648, 11471, 16296; Gaufr. 16, 17, 18, 25, 44, 176, 191, 192, 252, 283, 284, 299; Gui d. B. 75, 103,*

---

1) *Auch bei Verben, die stark flectiren, begegnet bisweilen dies Perf. auf* ie: consiuie *Auberi 191, 26,* vesquie *Aye d.'A. 4.*

105; *Huon d. B.* 27, 41, 42, 48, 250; *Auberi* 35, 27, 36, 19, 66, 23, 98, 32, 117, 7, 122, 17, 125, 33, 134, 27, 146, 6, 203, 5, 214, 11; *RMont.* 9, 26, 28, 2, 81, 38, 136, 18, 216, 35, 263, 18, 23, 264, 22, 415, 9; *R. d. Berte* 172; *Gayd.* 64, 80, 95, 156, 177, 191, 199, 214, 232, 321; *R. d. l. V.* 265; *BenTroie* 944, 21494, 21531, 22151; *BenChr.* 12495, 19659; *Ch. d. S. I* 73, 155, 174, 191; *N. F. et C. I* 102.

b) *aber im Innern des Verses steht das Particip auf* u: *Cleom.* 2925, 13177, 13371, 16299 (*vgl. oben* 16296), 16993, 17044; *Gaufr.* 7, 9, 23, 78, 106, 122, 124, 127, 186, 216, 233, 242, 243, 247, 267, 270, 275, 280, 295, 302; *Gui d. B.* 9, 41, 53, 56, 62, 67, 69, 71, 107, 118, 121, 125; *Huon d. B.* 34, 70, 93, 96, 130, 145, 149, 168, 177, 187, 194, 214, 280, 303; *Auberi* 53, 1, 60, 2, 134, 20 (*vgl. oben* 134, 27), 162, 29; *RMont.* 7, 34, 11, 29, 12, 3, 13, 8, 18, 6, 19, 6, 40, 34, 47, 32, 69, 14, 71, 11, 95, 36, 119, 21, 22, 173, 18, 199, 16, 205, 37, 222, 36, 241, 4, 284, 22, 320, 19, 326, 35, 327, 14, 383, 25, 398, 5, 32, 411, 8, 414, 14, 425, 1, 19, 442, 1, 443, 30; *R. d. Berte* 16, 46, 101; *Gayd.* 24, 61, 140, 182, 246, 260, 326; *R. d. l. V.* 36, 37, 80, 81, 85, 102, 141, 171; *BenTroie* 1535, 1809, 6209, 10984, 11566, 13012, 22689, 26821, 27164, 29116; *BenChr. I* 459, 1674, 2554, 3741, 7682, 9476, 10349, 17885, 19788, 19831, 21332, 25491, 25561, 28199, 30147, 32537; *Ch. d. S. I* 56, 60, 61, 78, 83, 102, 147, 185, 241, *II* 4, 25, 97, 114, 124, 131, 182; *N. F. et C. I* 240, 242, 290, 360, 361, 446, 447, *II* 29, 218, 453. — *Nur sehr selten begegnet im Innern des Verses das Particip auf* i: *RMont.* 97, 20; *Gayd.* 128, 142; *BenChr.* 31453; *Ch. d. S. II* 49, 56, 75; *Jourd. d. B.* 2730, 2732, 2739. *Hieraus ergiebt sich, dass das Particip Perf. von* vestir *und Compos.* vestu *etc. lautet, der Assonanz oder dem Reime zu Liebe aber oft* i *für* u *gesetzt und ein Particip* vesti *etc. gebildet ward, ebenso wie man sich gelegentlich umgekehrt* saillu, faillu, *ou f.* sailli, failli, *oi gestattete* (*s. 1. Theil*).

2) *Das Part. von* ferir *lautet* feru; feri *habe ich noch*

nirgends gefunden. Wenn es vorkommen sollte, so dürfte das ebenfalls nur in der Assonanz oder im Reime sein.

3) *Die Participia* revertu *BenChr. 4238, 17470, 27983, 30984, 35510, 36249, 37564, 37615 und* repentu *ib. 8805 sind nur mit Rücksicht auf den Reim gebildet; sie lauten sonst* reverti *ib. II 367, 4542, 13683, 21789; Doon d. M. 12, 86, 168; Cleom. 2701, 8216; Gaufr. 300; Huon d. B. 53; Auberi 3, 21, 36, 4, 202, 24, 231, 10; R. d. S. G. 492; V. d. S. A. p. 227 etc. und* repenti *Gaufr. 68; Auberi 132, 18; G. l. L. II 112.*

4) *Oft vorkommend ist nur* consentu *neben* consenti — *übrigens auch* sentu *neben* senti — *und eine Bevorzugung des einen oder des anderen Auslautes scheint kaum vorhanden zu sein, indem auch unabhängig von Assonanz und Reim bald* i, *bald* u *begegnet. So steht, um mit* sentir *zu beginnen,* senti *Cleom. 8037, Huon d. B. 63, Gui d. B. 76, Ben Troie 14422, G. l. L. II 227, Gayd. 48, 51, 98, 99;* — sentu *Cleom. 3309, Gaufr. 102, R. d. S. G. 3997, Gui d. B. 77, Doon d. M. 132, 133, 286, Aye d.'A. 19, Auberi 165, 10, Ben Troie 17668, 22717, BenChr. 8137, 38379, RMont. 414, 21;* — consenti *findet sich Cleom. 3444, Huon d. B. 65, 67, Doon d. M. 24, G. l. L. II 7, R. d. Berte 120, RMont. 334, 22, 417, 28, V. d. S. A. p. 312;* — consentu *Gui d. B. 73, R. d. S. G. 2178, Ch. d. S. II 14, Doon d. M. 321, Aye d.'A. 92, BenTroie 26145, 27605, 28987, BenChr. 7150, 12799, 13445, 13462, 37740, Fl. et Bl. 2449. Ein nicht selten vorkommendes Compositum von* sentir *ist* assentir, *von dem ein Particip auf* i *sich findet Cleom. 1262, 1569, 9296, 9311, Aye d.'A. 17, N. F. et C. II 115, und eines auf* u *Gaufr. 99.*

5) *BenChr. hat ein Part.* offri, offrie, *das auch schon Burguy (I 409) erwähnt: 2856, 11381, 11396, 18496, 20417, 23513, 24665, 29555, 29843, 30089, 31718, 34706, 40217. Auch* soffri *begegnet in diesem Gedichte 31059. An allen diesen Stellen stehen die genannten Formen im Reime; im Innern des Verses findet sich nur ein Part. auf* ert.

DRITTER THEIL.

Im Nachfolgenden soll an einigen besonders häufigen Erscheinungen gezeigt werden, wie die Dichter mit Rücksicht auf Metrum, Assonanz und Reim die gewöhnlichsten syntaktischen Regeln verletzen.

1. *Adjectiv.* Die neufr. Regel, dass das mit einem Substantiv verbundene Adjectiv in attributivem und prädicativem Verhältnisse mit dem Substantiv in Genus und Numerus congruirt, herrscht auch im Altfr. in ihrem ganzen Umfange. Fast alle Abweichungen entspringen aus metrischen Gründen. Es kommt eigentlich nur der Fall ziemlich häufig vor, dass der Assonanz oder dem Reime zu Liebe anstatt der Femininform die Masculinform des Adjectivs gesetzt wird, das Umgekehrte sehr selten.

1) Mascul. f. Femin. Robastre s'en va droit vers la chite antis *(das s ist nur Verbesserung des Schreibers, um den Versausgang gleich zu machen), Gaufr.* 17; Virent Riviers la chite seignoril, *A. et A.* 2686; Car il s'en va a plain voile estendu, *Jourd. d. B.* 3308; Oriabiax la damme seingnoris, *ib.* 3571; En Orliens entre la cite seingnoris, *ib.* 3631; Ne laie leis ne deit la clergil davancir, *V. S. Th.* 75; Il leverent lor voile, qui fu blans comme lis, *Aye d.'A.* 52; N'onques ne puet panre boen some, *Chev. au lyon* 2757; Mais il l'ont bien reconneu Et au destrier et a l'escu, Qui iert d'une color vermel, *Atre per.* 1517; Sire, fait il, en cest cemin N'ert pas ceste bataille bel, *ib.* 2105; *ferner* la gent herupois, *Ch. d. S. I* 33; la porte roion, *ib.* 39. — *2) Femin. f. Masc.:* Desatranpee et desconfite Tot menja le pain a l'ermite, *Chev. au lyon* 2849; Lors sen retorne de duel et dire esprise[1]), *W. A. L. p.* 7.

2. *Particip. 1) Attributives und prädicatives Part.* Auch hier findet die Congruenz wie im Neufr. statt. Verstösse dagegen kommen beinahe nur aus metrischen Gründen vor, z. B.: Mout l'en est granz ioie creuz, *Erec* 6588; Et

---
1) *Wackernagel wollte espris gelten lassen, s. pag.* 189.

de ce li est bien cheu, C'une piece del mur cheu Ot el vergier nouvellement, *R. d. l. Ch. 4571;* Destine me fu, quant fui nes, Une chose moult merveilleuse, *Cleom. 3646;* ...... I fu Moult [tres] grant plente ja veu De dames et de chevaliers, *ib. 5130;* Vous ert de cief en cief conte Et la dolor et l'ocoison, *Atre per. 514;* Le grant damage et le dolor, Qui est avenu wi cest jor, *ib. 519;* S'est de la merveille segnies, Qui si lor est mes avenu, *ib. 2886;* Honni soit vostre gloute geule, *N. F. et C. I 168;* Li fust avenu ceste chose, *ib. 350;* Dex m'en doint tel venjance qu'ancor soit decouvert Leur male traison, *R. d. Berte 52;* Au Loherens fu la nouvelle dit, *G. l. L. II 205;* Mais que l'onor en soit au deseur mis, *ib. 210;* Quant n'en est pris venjance, ne me prise un fromage, *RMont. 422,3;* La bele l'oit, grans pities l'en est prins, *Jourd. d. B. 1723;* Car de Jordain li est grans pities prins, *ib. 3646;* Ne vous est par moy recite La joye qui fut en la cite *Bartsch 420, 32.* —
2) *Das Part. in Beziehung zum Accusativobjecte. a. Die altfr. so häufige Congruenz des Part. mit dem Accusativobjecte, auch wenn ersteres vorausgeht, ist zum Nachtheile der Sprache, vornehmlich der poetischen, im Neufr. nicht mehr gestattet:* Cil, qui ot feite la bataille *Chev. au lyon 1182, könnte neufr. nur wiedergegeben werden* Celui, qui eut fait la bataille, *nimmer* faite. *Umgekehrt herrscht bei nachfolgendem Particip die Regel, dass letzteres dann mit dem Objecte congruirt, im Altfr. nicht mit solcher Strenge wie im Neufr. Selbst Chrestien ist in diesem Punkte nicht ganz correct, vgl. Chev. au lyon 1266, R. d. l. Ch. 3603, 4059. Sehen wir uns nun gar die Volksdichtungen an, so könnten wir beinahe zu der Ansicht kommen, dass die Regel im Altfr. überhaupt noch nicht vorhanden gewesen sei, da sie fast auf jeder Seite auf das gröblichste verletzt wird. Ausdrücke wie* grant joie ont demene, a moult grant joie eu, n'i ot resne tire, a merci crie *begegnen unzählige Male. Meistens steht in diesen und anderen stereotypen Redensarten das Part. in der Assonanz; im Innern des Verses kommen solche Fehler*

viel seltener vor. Man vgl. *A. et A., Jourd. d. B., RMont., Huon d. B.* — *b. Mit einem Accusative der Zeit oder des Raumes congruirt das Part. im Altfr. eben so wenig wie im Neufr.* Hier und da kommen aber Abweichungen vor, z. B. Qu'il n'ot pas une archiee alee, *Chev. au lyon 3437;* N'orent pas une liue alee, *Erec 2909, Atre per. 5485 (ib. 2573 richtig:* Quant il ot une piece ale). — *c. Rien wird bisweilen als Substantiv betrachtet und das Part. congruirt:* De rien que onques eust faite *Chev. au lyon 2823;* Et se uos m'auez rien mesdite *Erec 4893. Steht* rien *persönlich, so ist die Congruenz natürlich:* K'ainc plus laide riens ne fu nec, *Cleom. 12434;* C'onques si bele riens n'avoient Veue comme cele estoit, *ib. 16702.* — *d. Wie nachlässig die Dichter bisweilen hinsichtlich der Congruenz verfuhren, können folgende Beispiele zeigen:* La dame a pris l'anel, son seigneur l'a getee, *Aye d.'A. 62;* Ou voit Amis, si l'a amenteue, *A. et A. 1981;* Sire, dist Haymes, por quoi l'avez celee, *ib. 2589;* Alee s'en est en la tour *f.* ales *Atre per. 1926;* . cele qui l'ot amenee *f.* amene *ib. 1955;* Pour chen ot sez barons a sa grant court mandee *f.* mandes, *Doon d. M. 2;* Tant c'une vois a entendue D'une aloe, ki ot tendue Ses eles et va aletant *f.* tendues *R. d. l. V. 199;* V ans a duree la guerre *f.* dure *BenTroie 19562;* Les songes et les visions Li avoient contez et diz *f.* contees et dites *ib. 30016. Ungewöhnlich wenigstens ist die Congruenz an folgenden Stellen:* Mes de lor gent ont molt perdue *BenTroie 9774;* Le mielz de lor gent ont perdue *ib. 19237.* — *e. Das Part. von* faire *mit abhängigem Infinitiv ist im Neufr. stets unwandelbar, im Altfr. aber scheint die Regel noch nicht ganz feststehend gewesen zu sein; wenigstens finden sich ziemlich viele Stellen, wo das Part. mit dem Objecte congruirt:* Baston cornu de cornelier, Qu'il orent fez aparellier De cuivre et puis lier d'archal, *Chev. au lyon 5508;* Qui auroit toz fez amasser Voz chevaliers por cest afeire, *ib. 6552;* Kalles le roi de Franche les ot fet adouber Et lor ot XII terres par nom faites donner, *Gaufr. 1;* Trestoute nue en sa chemise

L'ot feite li fel despoillier, *R. d. l. V. 212;* Tost et isnelement est a l'eve venus, Il l'a feite tenter si s'est u gue ferus *Gui de Nant. 44;* Unes iteles lettres li ad faites porter, *V. S. Th. 121;* L'empereres se drece, qui tot a devise, Si a faites les dames dedans les chars entrer, *Gui d. B. 123;* Pour l'uevre men pere sauver Qu'Adans avoit feite dampner, *R. d. S. G. 747;* Et en une pierre le mist Que il avoit feite taillier, *ib. 1364;* Carles en ad l'amure, mercit Deu! En l'oret punt l'ad faite manuvrer, *Ch. d. R. 2505;* Lor grans batailles ont faites resortir *G. l. L. I 242;* Lor dame ont fete remonter, *BenTroie 23941;* Les portes runt faites ovrir, *BenChr. 19101;* Sa route ot faite reparer, *Cleom. 16903;* Meleaganz l'ot feite feire *(nämlich den Thurm, in welchen er Lancelot gefangen setzte), R. d. l. Ch. 6428;* Et kant s'en issent si l'ont faite vuidier *(nämlich das Zimmer) V. d. S. A. dritte Redaktion p. 282.* Vgl. auch *Auberi 54, 15, 157, 5.*

3. *Infinitiv. Etlichen Verben, denen gewöhnlich der reine Inf. folgt, wird oft die Präposition beigefügt, um die Silbenzahl des Verses herzustellen. Hierhin gehören als die gebräuchlichsten* convenir, estovoir, querir, chaloir. *Besonders nach dem erstgenannten Verbum ist der Infinitiv mit* a *häufig, z. B. Doon d. M. 89, 118, 119, 184; Huon d. B. 54; Gui d. Nant. 17; G. l. L. I 112, 191; N. F. et C. I 104, 116, 282, 340, 395, II 176, 178, 221, 229, 395; Auberi 22, 12, 46, 4, 184, 27 etc. Viel seltener ist* a *nach* estovoir *Huon d. B. 222; N. F. et C. I 31, II 334, 375; Gayd. 117; R. d. l. Ch. 2102; Cleom. 1273, 7433; Auberi 215, 25. Nur BenTroie häufig: 10828, 10836, 23609, 24779, 25373, 28190.* Querir *kommt mit* a *besonders oft in dem Ausdrucke* a celer nel vos quier vor, *z. B. Gui d. B. 39, 59, 60, 92, 101, 103, 109; A. et A. 2615; Jourd. d. B. 2621, 3466, 3752; Auberi 39, 23, 68, 21; RMont. 53, 34, 56, 7, 110, 32, 170, 15, 210, 13.* Chaloir *mit* a: *Auberi 58, 4, A. et A. 566, BenTroie 1740, 6996.*

4. *Conjunctiv. Da, wo dem Sprachgebrauche gemäss der Conjunctiv stehen müsste, findet sich oft der Indicativ.*

Die Fälle, wo dies lediglich auf Nachlässigkeit des Dichters zurückzuführen ist, sind sehr zahlreich, namentlich, wenn beide Modi sich nur durch ein i von einander unterscheiden: demandons demandez *für* demandions demandiez begegnen oft. Sind Ind. und Conj. sehr verschieden, so verfuhr man genauer. Hier ist oft eine Einwirkung *des Reimes zu verspüren. So steht z. B. im Innern des Verses richtig ailliez *Cleom. 5467, 10947*, tiegnent *10954*, des Reimes wegen aber alez *9734*, venez *14113*. Für die 3 Sing. ist ein Einfluss des Reimes in noch viel höherem Masse zu constatiren, wie *Cleom.* am besten zeigen kann. Im Innern des Verses kommt hier kaum etwas Fehlerhaftes vor, im Reime aber steht detrie f. detrit *7592, 14968*, poise f. poist *10114, 12236*, oit f. oie *10358*, prise f. prist *10777, 17878*, mercie f. mercit *12208*, aye f. aist *18536*. Ebenso bringt im Reime R. d. Berte atire f. atirt *24*, gravente f. gravent *115*, cravente f. cravent *180*, tormente f. torment *150, 180*, mue f. mut *108*; R. d. l. V. afaite f. afait afaist *45*, depart f. departe *143*, apreste f. aprest *310*. Dass die Volksdichter sich hier noch viel grössere Freiheiten erlauben, lässt sich denken.

5. *Wechsel des Numerus.* Dem Reime zu Liebe oder aus sonstigen metrischen Gründen findet oft ein auffallend schneller Wechsel des Numerus statt: Ogier, dist Karles, voz parlez en pardon. Je n'i ai garde que m'i conoisse l'on; Quant l'ai emprins, por riens ne le lairons *Gayd. 294*; Si li ont demande, commant il ai a non: Seignour, dist Floovans, ne vos en mautirons, Je suis fiz Cloovis le roi de Monloum, Qui me chacai de France *etc. Floov. 45*; Vous serez delivre hors de cheste prison, Que je l'aim si formant, ja ne le cheleron, Que pour l'amour de li deguerpiroi Mahon Et si crerrai en Dieu *etc. Gaufr. 57*; Qu'a tu eu, gentiz fiuls a baron? Dame, dist il, et noz le voz dirons. Grant paor ai de mon chier compaignon, Que je laissai a Paris el donjon S'en sui moult a mesaise *ib. 861*; Dame, dist il, par Deu qui fist le mont, nul bel samblant faire ne voz poons. Ce fu l'autrier que je fui a Charlon *etc.*

ib. 1191; Por quoi haez Amile le baron? Sire, dist elle et noz le voz dirons, Que ja un mot ne voz en mentirons *etc. und gleich nachher* Li cuens Amiles, cui li cors Deu mal donst, Dedens mes chambres me requist a bandon Si me leva mon hermin pelison *ib. 1203;* Vassax, dist il, sa venez jusqu'a nouz, Je voz donrai ma fille *ib. 1683;* Sire, dist elle, volentiers le jurronz. Si m'ait Dex et li saint qui ci sont, Que je panrai Amile le baron *ib. 1835;* Ne les panroie, por voir le voz disons, Ainz vos pandrai anz II a chaaingnon *Jourd. d. B. 404;* Se tu lour dis que t'es (= tu es) de France nes, Isnelement aras le poing cope; A l'autre (*nämlich* pont) apres l'autre poing perderes Et au tierc pont l'un de vos pies laires (l'un de tes pies laires *wäre zu stark gewesen, deshalb mildernd* vos pies) *Huon d. B. 153;* Tien bien ton cuer et bien ta loiaute, Que ja si tost mencoigne ne dires, Que tu ne perges d'Auberon l'amiste *ib. 161. Vgl. ferner in demselben Gedichte 214, 219, sowie Aye d.'A. 14, 22. Bei den Kunstdichtern kommt ein so schroffer Wechsel selten vor:* Ja se contre moi li aidiez, Por ce nel vos consantiromes: Se de vos et de toz vos homes A pes et trives, moi que chaut? *R. d. l. Ch. 3284. An allen diesen Stellen, die leicht vermehrt werden könnten, spricht nur eine Person oder ist nur von einer Person die Rede, richtiger wäre also* lairai, mantirai, chelerai, puis *etc. Von einem plur. majest. kann in keinem der Fälle gesprochen werden, selbst z. B. nicht A. et A. 1683, wiewohl hier Kaiser Karl redet, da gleich darauf der Sing. folgt. Auch an den übrigen Stellen steht im Innern des Verses immer der Sing.*

Noch bei Weitem auffallender muss es erscheinen, wenn anstatt des erwarteten Plur. der Sing. steht. Dies begegnet auch in der That nicht oft: Ales, ma dame; diex soit garde de ti, *Auberi 123, 8;* Duchese d'Avignon, moult dechiet vostre pris; Mambre vous du contraire que l'autrier me deis, *Aye d.'A. 10;* Grans noces firent, ja plus grans ne verraz, *A. et A. 492. Wir würden* uos, deistes, verrez *erwarten.*

Register.

A für e 5.
„ „ o 8.
Adjectiv, geschlechtloses 35.
aire s. ire.
al (aliud) 5.
al, ail, Wörter auf 22, 23.
alis, latein. Adjectivendung 6.
amiste, amistie 30.
augre 14.
annal, annel 7.
ant, geschlechtloses Particip auf 38.
anti 21, antie 22.
arest, arestee, arestison etc. 11, 13.
aresta — arestut, arceste — arestu arresteu 48, 49.
assenti 52.
auter (altare) 16.
avoir, Futur von 44.
Baivier f. Baiviere 9.
C abgefallen 21.
cante (comitem) 8.
cante (computus) 8.
celestial, celestiel 7.
chaloir mit a 56.
champal 7.
chanel, chenal 8.
charnal 7.
chatal 8.
concire 14.
Congruenz des Adjectivs und Part. 54, 55.
Conjugation 42.
Conjunctiv 57.
consenti, consentu 52.
Consonanten 13.
convenir mit a 56.
Contractionen 42.
criminal, criminel 8.
crual 7.
cui f. cuit (cuider) 20.
Dameldeu 15.
De, Des (Deus) 26, 27.
Declination 22.
demor, demore, demorce etc. 13.

Denise 10.
doie (digitus) 10.
dolante 38.
E für a 8.
„ „ i 9.
e, tonloses am Ende eines Wortes aus metrischen Gründen 1) abgefallen 9; in der 1 und 2 Sing. Präs. Conjunct. 46; — 2) angefügt 10, 11; in der 1 Sing. Präs. Ind. I. Conjug. 45; — 3) muss in der 1 Sing. Präs. Ind. I. Conjug. bleiben aus euphonischen Gründen 45 Anmerkung.
e und ie wechseln 28.
el (aliud) s. al.
el (illa) 9, 41.
el, eil Wörter auf 22, 23.
ent, Participialendung s. ant.
esperitel, esperital 7.
esperite 10.
estovoir mit a 56.
estre, Futur von 44.
F abgefallen 21.
faillu 9.
faire, dessen Particip mit abhängigem Infinitiv 55.
Femin. f. Mascul. 53.
Femininform neben Masculinform 11.
feru 51.
festival, festivel 8.
fis (filius) 25.
flexivisches s 22, 31.
forte 36, 37, 38, 40.
fu (focus), mundartliche Form 27.
Futur, längere Form 44.
Gentis 22, 25.
gie (ego), mundartliche Form 40.
grande 36, 37, 38, 40.
grieve 36.
I für e 9.
„ „ ie 9.

i *für* u 9.
ie „ i 9.
ie, *Perfectendung* 49.
il, *Wörter auf* 22, 24.
Infinitiv 56.
ire, aire 29.
it, *Perfectendung* 20.
„ *Participialendung* 20.
Indicativ f. Conjunctiv 57.
Kex Quex — Kes Ques 24 *Anmerkung*.
L *in* r *übergegangen* 14, *ausgefallen* 15, *abgefallen* 15.
l, *Wörter auf* 22.
l *und* r *reimen* 19.
latein. Eigennamen 34.
Liquidae 13 *ff*.
M *in* n *übergegangen* 16.
m *und* n *reimen* 19.
Mascul. f. Femin. 53.
Masculinform neben Femininform 11.
mauvaiste, mauvaistie 30.
mel (malum, male) 8.
mi, *burgund. Form* 41.
mortal 7.
mur (mulus), mure, muret, murl, murle, murlet 14.
N *in* l *übergegangen* 16, *in* r 16.
n *und* l *reimen* 19.
naie (nativa) 22.
nasel, nasal 8.
naturel, natural 6.
Noal, Noel 8.
Nominalflexion 31.
Nominativ f. Accusativ 34.
Numerus wechselt 57.
Offri, *Particip* 52.
ois oiz, *Endung der 2 Plur.* 42.
ol, oil *Wörter auf* 22, 25.
ot, *Imperfectendung* 48.
orphenin, orphenine 16.
ostal 8.
ou *f.* oi *Particip v.* oir 9.
Part. Präs. auf ant ent, *geschlechtloses, dem Reime zu Liebe geschlechtig gebraucht* 38.
Part. Perf. von vestir 50, ferir 51, revertir, repentir, sentir, consentir, assentir, offrir, soffrir 52; — *attributives und prädicatives* 54; — *in Beziehung zum Accusativobjecte* 54; — *von* faire *mit abhängigem Infinitiv* 55.
Perfectendung der II. Conjugation auf ie 49.
pesante 39.
pite, piete, pitie 28.
pormon, pommon 14.
pre, pree, prael *etc.* 13.
principel, principal 6.
preude 36.
Pronomen 40.
Quele 36, 37, 38.
querir *mit* a 56.
R *in* l *übergegangen* 16, *umgestellt, ausgefallen,* apocopirt 17.
rancure, rancune 16.
repenti, repentu 52.
reverti, revertu 52.
rien, *substantivisch gebraucht* 55.
S *abgefallen* 21.
„ *dem Reime zu Liebe angefügt* 3 *Anmerk*.
saillu, resaillu 9.
sanglante 39.
senti, sentu 52.
sepucre 15.
si, *burgund. Form* 41 *Anmerk*.
soffri, *Particip* 52.
soue (suavis) 21.
T *abgefallen* 19.
„ *bewahrt oder angefügt* 20.
tal, tel (talis) 6.
tele 36, 37, 38, 40.
tes (talis) 24.
ti, *burgund. Form* 41.
traital, traitel 8.
tre (trabs) 21.
trenchante 39.
U *für* i 9.
Umstellung des l 15, *des* r 17.
Ungenaue Reime 18.
V *ausgefallen* 22.
vaillante 39.
venal, venel 7.
vesti, vestu, *Part.* 50.
Vocale 5 *ff*.
voise, *Conjunctiv v.* aler 48.

Nachträge und Berichtigungen.

Zu lesen S. 5 Zeile 9 v. oben steht f. statt.
Nachzutragen S. 8: a für e in forsane: depane Chev. au lyon 2805, asane: barbaquane ib. 4870.
Nachzutr. S. 9: i f. ie in entir (f. entier) Auberi 54, 30.
„   „   10 doie nicht im Reime Gayd. 187, 196.
„   „   12 descort W. A. L. p. 21.
„   „   „   gaaigne Auberi 19, 31.
„   „   13 train „ 95, 11, 201, 14.
„   „   15 mur „ 26, 3 (murs et mules).
„   „   „   Dameldeu „ 10, 3, 12, 24, 23, 13, 24, 9, 53, 29 etc.
„   „   16 zu M: m und n im Nasallaute scheinen in der alten Sprache überhaupt ohne Unterschied gebraucht worden, n aber beliebter gewesen zu sein. So steht aim Chev. au lyon 1457, 2030, Auberi 41, 16, 48, 20, 54, 30, 69, 29, 79, 29, 146, 1, 170, 6, 247, 26, 32; criem Chev. au lyon 977; claim ib. 1458, Auberi 183, 24; nom W. A. L. 12, 22; rompre Chev. au lyon 1467, rompi Auberi 242, 21; simplement Vrai Aniel 94; jambe Auberi 101, 2, 242, 20; tempeste Chev. au lyon 665; ancombrier ib. 908; chambre ib. 648, Auberi 43, 13, 48, 11, 16, 49, 4, 27, 72, 1, 125, 12, 127, 1 etc., W. A. L. 3; membre (membrum) Vrai Aniel 208, 392; rampones Chev. au lyon 628, Auberi 115, 9; semblant Vrai Aniel 153, W. A. L. 14, 23; semblanche Vrai Aniel 298; Lambers Auberi 253, 20, 255, 7 etc. — aber daneben findet man ain W. A. L. p. 8, 9, 10, 13, 22, Auberi 40, 21; crien W. A. L. 15, 16, Auberi 95, 20, 227, 22; clain ib. 228, 27, 230, 10; non Chev. au lyon 1793, 1811, Auberi 135, 13, 254, 18; ronpre Auberi 153, 21, desronpre ib. 75, 10, 80, 5, 113, 26, ront ib. 10, 12, Chev. au lyon 1157, deront ib. 1298, Auberi 33, 28, ronpent ib. 139, 25, 176, 27, desronpi ib. 117, 31, ronpirent ib. 78, 25, ronpu ib. 153, 6, 178, 19, 197, 7; sinplemant Chev. au lyon 1931; janbe Auberi 22, 32, 57, 23, 166, 20, 171, 6; tanpeste Chev. au lyon 395, 431, 1262; enconbres Auberi 63, 20, enconbrier ib. 66, 20, desconbre Chev. au lyon 1866; chanbre Chev. au lyon 47, 53, 1045, 1257 etc., chanbrete ib. 968, 1581, chanberiere ib. 1630, vgl. Auberi 41, 14, 42,

18, 71, 24, 72, 10, 17; menbre *ib. 6, 15, 21, 45, 9, 58, 19 etc* ; ranpone *Chev. au lyon 643, 892, 1351, 1354 etc., vgl. Auberi 87, 14, 21, 173, 18, 220, 3;* sanblant *Chev. au lyon 486, 1879, 2073, Auberi 10, 8;* Lanbers *ib. 253, 14, 254, 31, 255, 8, 10. Vgl. ferner* onbre *Auberi 7, 18, 124, 1, Chev. au lyon 380, 1865,* onbroie *ib. 772,* onbraige *Auberi 247, 9;* menbres (memorare) *ib. 4, 6, 52, 19, 60, 9, 167 17 etc., Chev. au lyon 1258, W. A. L. 3, 8, 11;* conble *Chev. au lyon 528, Auberi 53, 22,* aconplir *ib. 55, 12;* andui *ib. 5, 12, W. A L. 5, 8,* anbedui *Chev. au lyon 900, 903,* andeus *Auberi 5, 24, 13, 3, 192, 19,* anbedeus *Chev. au lyon 949, 1521;* flanboianz *ib. 425, Auberi 116, 23, vgl. ib. 146, 14, 152, 14 etc. Umgekehrt* m *für das gewöhnliche* n *trifft man selten:* dom = de unde *Chev. au lyon 1407, 1783, 1963;* em = inde *Vrai Aniel 123, 131, 132, 155, Auberi 174, 22 sind nicht eben häufige Schreibungen. In Zusammensetzungen erscheint* em *schon eher:* amparlier *Auberi 238, 20,* emploier *Vrai Aniel 91,* emblee *W. A. L. 5,* emprise *ib. 8,* embraissier *ib. 9 etc. Aber auch hier ist* en *bei Weitem gebräuchlicher. In* com, *wenn es allein steht, erhält sich gewöhnlich das* m *(*con *Chev. au lyon 526); in Zusammensetzungen trifft man bald* m, *bald* n: compaignie *Chev. au lyon 690, 1544, W. A. L. 14, 16, 20;* compere *Vrai Aniel 136;* antrecombatoient *Chev. au lyon 279 etc. und daneben* conpaignie *ib. 1293, 1296, vgl. Auberi 19. 26, 92, 14, 165, 3, 176, 23, 183, 8;* conbat *Chev. au lyon 1242;* conpares *ib. 770 etc.*

Nachzutr. S. 16 orfenine *Auberi 248, 3.*

„ „ *17* tourbler *Auberi 11, 29, 82, 27.*

„ „ „ berbis *Auberi 11, 19, 34, 23, 179, 8.*

„ „ „ *Anmerk.* auresier *Auberi 7, 28, 147, 19, 186, 26.*

„ „ „ „ gouurener *Auberi 41, 1,* gouvrenes *Vrai Aniel 21.*

„ „ „ haubregies (haubergies) *Auberi 79, 30.*

„ „ *26* De *Auberi 242, 6.*

„ „ *28* fu (focus) *im Reime Auberi 84, 12, 141, 22; aber im Innern des Verses* feu *ib. 32, 14, 40, 30, 135, 6 (fu im Innnern des Verses 32, 4 muss wohl* feu *heissen).*

LEBENSLAUF.

Ich wurde am 4. Oktober 1844 zu Altona in Holstein geboren, woselbst mein Vater, jetzt Professor an der hiesigen Universität, Lehrer am Gymnasium war. Ich gehöre der evangelischen Kirche an. Nachdem ich an meinem Geburtsorte bis 1852 und darauf in Wiesbaden, Itzehoe und Berlin Privatunterricht genossen, war ich von 1858—1864 Schüler der Realschule I. Ordnung zu Mülheim a. d. Ruhr, von wo aus ich nach bestandenem Abiturientenexamen die Universität Bonn bezog, um neuere Sprachen zu studiren. Ostern 1868 erwarb ich das Maturitätszeugnis am Gymnasium zu Cleve. Das Dienstjahr in Berlin von Herbst 1868—69, der Feldzug des Jahres 1870, sowie eine durch ihn hervorgerufene Krankheit machten es mir erst 1871 möglich, mich den unterbrochenen Studien wieder in Ruhe zu widmen. Die französische Sprache des Mittelalters, die mich namentlich die Vorlesungen von Tobler in Berlin in hohem Grade lieb gewinnen liessen, war seitdem fast der ausschliessliche Gegenstand meines Studiums.

Ausser Tobler waren meine Lehrer: Delius, Diez, Meyer, Monnard, Müllenhoff, Simrock, Springer, Treitz, denen ich immer zum grössten Danke verpflichtet sein werde.

THESEN.

1. Bei der Herausgabe eines altfr. Gedichtes ist die von Tobler in seinen „Mittheilungen aus altfranzösischen Handschriften" befolgte Praxis zu empfehlen.
2. Für das Altfr. darf man in der Behandlung des langen und des kurzen lat. o denselben Unterschied annehmen wie für das Ital. und Span.
3. Die Nominalflexion ist bei Feststellung des Alters eines altfr. Denkmals nur in beschräpktem Masse zu berücksichtigen.
4. In seiner Jungfrau von Orleans hat Schiller den Charakter der Heldin psychologisch und dramaturgisch richtig durchgeführt.
5. Die Art und Weise, wie die franzüsischen Tragiker der Forderung der drei Einheiten nachzukommen suchen, ist nicht zu rechtfertigen.